Günter Niggl

„In allen Elementen Gottes Gegenwart“

Religion in Goethes Dichtung

Günter Niggl

„In allen Elementen Gottes Gegenwart“

Religion in Goethes Dichtung

Umschlagabbildung: Jakob Philipp Hackert (1737–1807).
Blick auf St. Peter in Rom (1777) (Ausschnitt).
Städel Museum, Frankfurt am Main.

Umschlaggestaltung: Finken & Bumiller, Stuttgart

Die Deutsche Nationalbibliothek verzeichnet diese Publikation
in der Deutschen Nationalbibliografie;
detaillierte bibliografische Daten sind im Internet über
http://dnb.d-nb.de abrufbar.

Die Herausgabe des Werkes wurde durch die Vereinsmitglieder
der WBG ermöglicht.
Satz: Jung Crossmedia Publishing GmbH, Lahnau
Gedruckt auf säurefreiem und alterungsbeständigem Papier
Printed in Germany

Besuchen Sie uns im Internet: www.wbg-wissenverbindet.de

ISBN 978-3-534-23286-4

Inhalt

Vorwort

Dieses Buch versucht, auf verschiedenen Wegen dem Phänomen des Religiösen in Goethes Dichtung näherzukommen. Am Anfang steht eine Untersuchung von Goethes lebenslanger Auseinandersetzung mit dem Christentum seiner Zeit, dessen Glaubens- und Lebensformen er in seinen Selbstzeugnissen teils anerkennt, teils ablehnt, in den poetischen Werken jedoch überwiegend positiv gestaltet. Daran schließt sich eine Studie über Goethes Religiosität: Zu ihrem Hauptstrang, einer individuellen Variante des zeitgenössischen Pantheismus, deren Entwicklung und Formenreichtum nicht nur in Briefen, sondern vor allem in Dichtungen erkennbar werden, treten gelegentlich auch Zeugnisse metaphysischer Vorstellung. Diesen ersten Kapiteln mit allgemeiner Thematik folgen drei weitere, die mit ihren speziellen Fragen sich in den zuvor gesteckten Rahmen ergänzend einordnen: Zuerst eine Studie über die Bibel als besonders fruchtbare Quelle für Goethes Schaffen, die zeitlebens seine Sprache bereichert und seinen Dichtungen wesentliche Symbole des Menschenlebens geschenkt hat; dann eine Untersuchung über Goethes poetischen Gebrauch der antiken Götterwelt mit zuerst religiöser, später nur noch ästhetischer Verbindlichkeit; schließlich ein Vergleich west-östlicher Glaubenswelten in Goethes *Divan,* worin der Dichter Christentum, Parsismus und Islam in poetischem Spiel trennt und verknüpft und mit dem eigenen Glauben in Beziehung setzt.

Drei dieser Beiträge sind 2007 auf einem Studientag der Katholischen Akademie in Bayern vorgetragen und zur Diskussion gestellt worden (in Auszügen wiedergegeben in der Zeitschrift *zur debatte,* 2/2007). Hinzugekommen sind jetzt die Kapitel über Goethes Religiosität und über die antike Götterwelt in seiner Dichtung. Eine ältere Arbeit ist lediglich die Studie über Goethe und die Bibel; sie ist erstmals in einem von Helmut Koopmann und Winfried Woesler herausgegebenen Band über *Literatur und Religion* (Freiburg: Herder 1984) erschienen.

Zu danken habe ich der Wissenschaftlichen Buchgesellschaft, besonders ihrer Lektorin für Neuere Philologien, Frau Jasmine Stern, für die spontane Bereitschaft, die Abhandlung in das Verlagsprogramm aufzunehmen, und für vielfältige Bemühungen bei der Herstellung des Bandes. Gedankt sei auch der Katholischen Akademie in Bayern und dem Verlag Herder, dass sie den Wiederabdruck der bei ihnen zuerst publizierten Teile des Buches erlaubt haben.

Eichstätt, im Februar 2010 Günter Niggl

Goethe und das Christentum

Ich beuge mich vor Christus, als der göttlichen Offenbarung des höchsten Prinzips der Sittlichkeit.
Goethe zu Eckermann, 11. März 1832

Um Goethes Verhältnis zum Christentum seiner Zeit recht zu verstehen, muss man die religionsgeschichtliche Situation dieser Epoche beachten. Es ist die Zeit der europäischen Aufklärung, und diese bedeutet für christliches Glauben und Leben eine Anfechtung von bisher nicht gekannter Radikalität. Diese von England und Frankreich ausgehende und bald ganz Europa erfassende Geistesströmung erklärt die Überprüfung aller Traditionen, Kritik und Zweifel an allen bisherigen Wahrheiten und Bindungen zu den neuen Prinzipien des Denkens und Handelns. Hand in Hand damit geht die Forderung nach Freiheit und Mündigkeit des Menschen in allen Lebensbereichen, auch und gerade im geistigen und religiösen Raum. Das bedeutet, dass im Laufe des 18. Jahrhunderts die sich seit der Renaissance abzeichnende Kluft zwischen Glaube und Vernunft immer deutlicher wird.[1] Die mathematische Methode der neueren Philosophie (Descartes, Spinoza, auch Leibniz) unterstützt dabei den sich anbahnenden Siegeszug der Naturwissenschaften, und von solchem Rationalismus wird alsbald auch die Theologie der Zeit, zuerst und vor allem die protestantische Theologie, affiziert. Diese gesteht der menschlichen Vernunft immer mehr Erkenntniskräfte zu und glaubt schließlich, dass dieselbe auch ohne Offenbarung Gott als den Schöpfer, Erhalter und Richter erkennen könne. Gleichzeitig schwindet das lutherische Sündenbewusstsein, dem Menschen wird eine eigene positive Kraft zur Bewältigung aller Lebensschwierigkeiten zuerkannt, womit die Theologie der allgemeinen Tendenz des Jahrhunderts zum Individualismus und zur Autonomie jedes Einzelnen folgt und so den Weg zur subjektiven Religiosität ebnet.

Sowohl von der Philosophie als auch von der protestantischen Theologie der Zeit wird somit die Notwendigkeit, ja der Sinn der übernatürlichen Offenbarung eines persönlichen und heilsgeschichtlich handelnden Gottes bestritten, am deutlichsten in der damals aufkommenden historischen Bibelkritik, die etwa bei Johann Salomo Semler die meisten Bücher der Heiligen Schrift als Zeugnisse einer natürlichen Religion wertet, die man auch ohne Bibel kenne, und die wenigen übernatürlich zu deutenden Stellen für unverbindlich erklärt, weil sie aus den historischen Eigentümlichkeiten ihrer Verfasser herzuleiten seien.

Gegen diese neue Vernunftreligion hat im protestantischen Bereich die alte Offenbarungsreligion seit der Mitte des 18. Jahrhunderts einen immer schwereren Stand, und sie findet in diesen Jahrzehnten nur wenige Verteidiger. Zu ihnen gehören vor allem die Pietisten gleichwelcher Provenienz. So halten die Herrnhuter an der augustinischen Erbsündelehre, an der Lehre von der Verderbtheit und Gnadenbedürftigkeit des Menschen fest, auch ihre intensive Bibellektüre und ihre ganz persönliche Heilandsfrömmigkeit zeigen das alte Gottesbild, das sie im Kampf gegen den oft gefühlsarmen Rationalismus der protestantischen Orthodoxie bewahren.

Auch die Katholiken der Zeit halten am Offenbarungsglauben fest, und namentlich hat das einfache Volk die alten Formen der Frömmigkeit und Gebräuche unbeirrt und unberührt von den Einflüssen der Aufklärung gelebt und an die folgenden Generationen weitergegeben. Dagegen suchte die gebildete Oberschicht der Katholiken vielfach die Kluft zwischen ihren religiösen Grundsätzen und der vorherrschenden rationalistischen Kultur zu überbrücken, indem sie etwa die Sakramente nur noch symbolisch deutete und auch sonst die konfessionellen Unterschiede verschleierte. Denn auch die katholische Kirche sah damals ihre Hauptaufgabe nicht mehr in der Führung zum ewigen Heil, sondern in der Erziehung zu einem edlen, harmonisch gebildeten Menschentum. Andererseits brachte solche aufklärerische Gesinnung im katholischen Raum die erfolgreiche Beseitigung des Aberglaubens, auch die Bekämpfung mancher Missbräuche des Wallfahrtswesens und der Wunderfrömmigkeit. Der hohe Klerus freilich kümmerte sich weder um Dogmatik noch um das Glaubensleben, sondern verfolgte fast nur seine politischen Interessen. Die Bischöfe waren als Anhänger des Episkopalismus vor allem bestrebt, sich von römischer Vormundschaft zu befreien, und dachten als Fürstbischöfe in erster Linie feudal, waren deshalb in der Reichspolitik konservativ gesinnt. Wenn sie also daran interessiert waren, dass innerhalb ihres Machtbereichs der traditionelle Offenbarungsglaube unangetastet blieb, war dies auch und gerade politisch motiviert.

*

In dieses Bild eines recht uneinheitlichen, unruhigen, von epochaler Krise geschüttelten Christentums sind nun Goethes Verhältnis und Auseinandersetzung mit diesem zeitgenössischen Christentum und seinen unterschiedlichen Erscheinungsformen einzuordnen.[2] Da dieses Verhältnis nicht von vornherein feststand, sondern sich im Laufe eines langen Lebens entwickelt und gewandelt hat, wird dieses wechselvolle Pulsieren am besten in einer biographischen Folge der wichtigsten Stationen vorgestellt.

Goethe wuchs in einem protestantischen Elternhaus auf. Der Vater pflegte ein konventionelles Christentum, er beachtete gewissenhaft die kirchlichen Riten und Gebräuche und besuchte regelmäßig den protestantischen Gottesdienst. Die Mutter zeigte später darüber hinaus eine Neigung zu pietistischer Frömmigkeit mit intensiver Bibellektüre und pflegte die Verbindung zum herrnhutischen Kreis um ihre Freundin Susanna Katharina von Klettenberg. Goethe selbst wurde vom Beichtvater der Familie Textor getauft. Dieser Dr. Johann Philipp Fresenius war Senior des evangelisch-lutherischen Ministeriums in Frankfurt und als solcher zugleich Haupt des kirchlichen Pietismus Spener'scher Prägung und damit ein Gegner der Herrnhuter. Goethe besuchte den protestantischen Religionsunterricht und übte sich eine Zeitlang im Nachschreiben der sonntäglichen Predigten aus dem Gedächtnis. Die damals auch bei den Protestanten noch übliche Ohrenbeichte, den Empfang des Abendmahls und die Konfirmation erlebte er jedoch nur noch als äußere Zeremonien.

Wie kam es zu dieser Abkehr vom kirchlichen Glaubensleben? Die Erklärung dafür gibt Goethe selbst am Ende des 1. Buches von *Dichtung und Wahrheit.*[3] Dort erwähnt er als letztes Lehrfach den Religionsunterricht der Kinder, jedoch nur, um daran Kritik zu üben: „Doch war der kirchliche Protestantismus, den man uns überlieferte, eigentlich nur eine Art von trockner Moral: an einen geistreichen Vortrag ward nicht gedacht, und die Lehre konnte weder der Seele noch dem Herzen zusagen.“ Das Bild dieses „kirchlichen Protestantismus“ war also mehr durch Mängel als durch positive Züge gekennzeichnet, und deshalb dient es hier nicht nur der Illustration des Religionsunterrichts, sondern noch mehr als Folie für andere religiöse Formen, deren Entstehung Goethe mit der Trockenheit der offiziellen Lehre erklärt, wenn er fortfährt: „Deßwegen ergaben sich gar mancherlei Absonderungen von der gesetzlichen Kirche. Es entstanden die Separatisten, Pietisten, Herrnhuter, die Stillen im Lande und wie man sie sonst zu nennen und zu bezeichnen pflegte, die aber alle bloß die Absicht hatten, sich der Gottheit, besonders durch Christum, mehr zu nähern, als es ihnen unter der Form der öffentlichen Religion möglich zu sein schien.“ Der Pietismus wird also aus seiner Spannung gegenüber der „gesetzlichen Kirche“ heraus definiert, und Goethe spricht dabei ein durchwegs positives Urteil über die abgesonderten Frommen aus, indem er voller Verständnis ihren Separatismus mit ihrem einzigen Wunsch nach größerer Nähe zu Gott erklärt. Goethe betont, dass gerade die originelle, herzliche und selbständige Gotteskindschaft der Pietisten großen Eindruck auf ihn gemacht und ihn schon als Kind angeregt habe, sich gleichfalls Gott „unmittelbar zu nähern“, und er dies mit dem Versuch eines Rauchopfers unternommen habe, dessen ausführliche Szene das 1. Buch von *Dichtung und Wahrheit* bedeutsam schließt. Der junge Priester ahmt dabei freilich keine pietistische Frömmigkeit nach; es ist vielmehr die kindliche Form einer naturreligiösen Liturgie, die den Gott des ersten Glaubensartikels „in seinen Werken aufsucht“, keiner Vermittlung durch Christus bedarf und höchstens „auf gut alttestamentliche Weise“ das Opfer vollzieht.

Auf diese *erste Stufe* einer natürlichen Religion folgte über mehrere Jahre hin die genauere Bekanntschaft, ja wachsende Vertrautheit mit der Bibel. Zuerst faszinierten den Zwölfjährigen die Geschichtsbücher des Alten Testamentes, und er begründet die ausführliche Nacherzählung der Patriarchengeschichte im 4. Buch von *Dichtung und Wahrheit* damit, „daß ich auf keine andere Weise darzustellen wüßte, wie ich bei meinem zerstreuten Leben, bei meinem zerstückelten Lernen, dennoch meinen Geist, meine Gefühle auf einen Punkt zu einer stillen Wirkung versammelte; weil ich auf keine andere Weise den Frieden zu schildern vermöchte, der mich umgab, wenn es auch draußen noch so wild und wunderlich herging."[4]

Es blieb aber nicht bei dieser bloß psychologischen Wirkung der Bibellektüre. Nachdem sich der 16-jährige Goethe beim Abschied von Frankfurt endgültig von der offiziellen Kirche löste, kam er in Leipzig erstmals mit Pietisten in Berührung, vertiefte sich auf dem Krankenlager mit Gefühl und Enthusiasmus nunmehr ins Neue Testament und war nahe daran, das Evangelium für göttlich zu erklären. Diese neue Empfänglichkeit blieb ihm auch noch während der zweijährigen Rekonvaleszenz in Frankfurt (1768/69) erhalten, er näherte sich der dortigen Brüdergemeine, nahm gelegentlich an herrnhutischen Versammlungen im Elternhaus teil und führte religiöse Gespräche mit dem von ihm hochverehrten Fräulein von Klettenberg. Damals, im Januar 1769, schrieb er seinem Freund Ernst Theodor Langer, der ihn in Leipzig mit pietistischem Gedankengut vertraut gemacht hatte: „Mich hat der Heiland endlich erhascht, ich lief ihm zu lang und zu geschwind, da kriegt er mich bey den Haaren. […] Ich binn manchmal hübsch ruhig darüber, manchmal wenn ich stille ganz stille binn, und alles Gute fühle was aus der ewigen Quelle auf mich geflossen ist."[5] Auf dieser *zweiten Stufe* von Goethes religiöser Entwicklung steht also der ernsthafte Versuch, sich aus freien Stücken einer positiven Religion, nämlich der Variante des pietistischen Christentums, anzuschließen, was auch daran erkennbar ist, dass ihm alle „ungerechten, spöttlichen und verdrehenden Angriffe"[6] auf die Bibel von Seiten der historisch-kritischen Gelehrsamkeit missfielen.

Aber diese Bekehrung zum Heiland war doch nicht von Dauer. Schon während des Frankfurter Intervalls bahnte sich eine neue Wende an.[7] Denn genau in dieser pietistischen Phase wurde Goethe mit Gottfried Arnolds *Unpartheyischer Kirchen- und Ketzer-Historie* (1699/1700, zuletzt 1742) bekannt, die er damals fleißig studierte und die nach eigenem Bekunden großen Einfluss auf sein religiöses Denken gewann. Das Attribut „unparteiisch" will sagen, dass Arnold die Kirchengeschichte überkonfessionell, dabei aber durchaus parteiisch im Sinne des radikalen Pietismus darstellen will. Für Arnold besteht die christliche Religion nur in der individuellen Begegnung zwischen Gott und der Seele, weshalb für ihn einzig und allein das Urchristentum die geisterfüllte Zeit war. Die darauffolgende Kirchengeschichte mit Verfassung, Dogmatik,

Kirchenrecht und Kult ist für ihn – übrigens in beiden Konfessionen – ein bis in die eigene Gegenwart fortdauernder Verfall. Arnold erkennt nur eine unsichtbare Geistkirche an, zu der die vom Geist erleuchteten Wiedergeborenen in und außerhalb der Konfessionen gehören, weshalb in dieser Kirchengeschichte gerade die Außenseiter und Abgesonderten, viele Ketzer und die „Stillen im Lande" besonderes Lob erfahren.[8]

Goethe erinnert sich in *Dichtung und Wahrheit* an die Übereinstimmung seiner mit Arnolds Gesinnung und an seine Freude, „daß ich von manchen Ketzern, die man mir bisher als toll oder gottlos vorgestellt hatte, einen vortheilhaftern Begriff erhielt"[9]. Daraus habe er die Folgerung gezogen, daß „jeder Mensch […] am Ende doch seine eigene Religion (habe)" und also „ich mir auch meine eigene bilden könne".[10] Goethe sieht also Arnolds Bedeutung für seine religiöse Selbstklärung nicht in inhaltlichen Angeboten, sondern in der Aufmunterung, ein eigenes, eigenwilliges, von kirchlichen Normen abweichendes und also ketzerisches Credo zu bekennen. Dieses formuliert Goethe anschließend (am Ende des 8. Buches von *Dichtung und Wahrheit*)[11] in Gestalt eines Weltentstehungsmythos, der aus neuplatonischen, hermetischen und kabbalistischen Elementen gemischt ist und der Gott und Luzifer als gleichmächtige Pole der Schöpfung im Sinne eines kosmischen Pulsierens von Konzentration und Expansion versteht, so dass auch Sündenfall und Erlösung nicht als einmalighistorische, sondern als sich immer wiederholende Phasen einer einheitlichen Natur- und Heilsordnung erscheinen. Dieses individuelle Glaubensbekenntnis des Heranwachsenden ist, analog zum phantasievollen Naturopfer des Knaben, Ausdruck einer selbständigen religiösen Tat, nur jetzt auf der höheren *dritten Stufe* ein bewusster Akt religiöser Emanzipation gegenüber allen etablierten, auch und gerade gegenüber den christlichen Glaubensformen der Zeit. Es darf uns dabei nicht überraschen, dass Goethes erster Schritt zu einer „eigenen Religion" vom Buche eines radikalen Pietisten angeregt wurde. Denn vom Pietismus war ja am entschiedensten das Prinzip der religiösen Selbständigkeit verfochten und praktiziert worden.

Den endgültigen Abschied von jedem kirchlich gebundenen Christentum datiert Goethe jedoch auf seine letzte Begegnung mit herrnhutischen Pietisten anlässlich des Synodus von Marienborn im September 1769. An sich hatten die dortigen Oberen, so erinnert sich Goethe in *Dichtung und Wahrheit*, „meine ganze Verehrung gewonnen, und es wäre nur auf sie angekommen, mich zu dem Ihrigen zu machen“[12]. Aber damals geführte Gespräche deckten schwerwiegende dogmatische Differenzen zwischen ihm und den Herrnhutern auf und zogen ihm den Vorwurf des Pelagianismus von Seiten der Brüder zu. Goethe jedoch beharrte auf seiner Überzeugung, dass die menschliche Natur durch die Erbsünde nicht völlig verdorben sei, zumal er aus der Kirchengeschichte erfuhr, dass ein Teil der Christenheit von jeher diese Auffassung des Pelagius vertreten habe. Dieser Teil gab zwar, wie Goethe selbst erläutert, „die erblichen Mängel der Menschen sehr gern zu, wollte aber der Natur inwendig noch einen gewissen Keim zugestehn, welcher, durch göttliche Gnade belebt, zu einem frohen Baume geistiger Glückseligkeit emporwachsen könne“[13]. Aber schon allein die „Übung eigner Kraft“ und die seit einigen Jahren in ihm arbeitende „rastlose Thätigkeit“[14] waren ihm so sehr zur zweiten Natur geworden, dass die zur Passivität zwingende strenge Erbsündelehre ihn notwendig von der pietistischen Gesellschaft Abschied nehmen ließ. Und wieder zieht Goethe, wie schon nach der Arnold-Lektüre, daraus die Konsequenz, sich eine eigene Religion zu bilden, wenn er die Marienborner Episode mit den Worten schließt: „[…] da mir meine Neigung zu den heiligen Schriften so wie zu dem Stifter und den früheren Bekennern nicht geraubt werden konnte, so bildete ich mir ein Christenthum zu meinem Privatgebrauch, und suchte dieses durch fleißiges Studium der Geschichte, und durch genaue Bemerkung derjenigen, die sich zu meinem Sinne hingeneigt hatten, zu begründen und aufzubauen.“[15] Goethe hätte dabei gar nicht erst in die Kirchengeschichte zurückgehen müssen, schon die zeitgenössische protestantische Theologie konnte ihn zu einem privaten Christentum einladen[16], drängte sie doch, im Unterschied zum Kirchenregiment, die Erbsündelehre vielfach zurück, hob dafür die Vernunft- und Moralkräfte des Menschen hervor und förderte so das allgemeine Streben nach Autonomie des Einzelnen auch im religiösen Bereich.

*

Damit aber war für Goethe der Weg frei zu einer individuellen Religiosität, die ihn in der Folgezeit immer mehr vom christlichen Glauben entfernte. Dies tritt im Laufe der siebziger Jahre immer deutlicher hervor, besonders als Johann Caspar Lavater in zudringlicher Weise Goethe zum Christentum bekehren wollte. Je mehr dabei Lavater sein persönliches Christusbild, der ihm „Gottes Ebenbild u. Urbild der Menschheit“[17] war, als objektiv aufdrängen wollte, umso entschiedener wehrte sich Goethe gegen diese Zumutung und bekannte sich als „dezidirten Nichtkristen“[18]. Was Goethe darunter verstand, kann man seinem Brief an Lavater vom 22. Juni 1781 entnehmen, worin er dessen Glauben an die Exklusivität Christi für sich und seine Gesinnungsfreunde ablehnt, da „wir uns einer ieden, durch Menschen, und dem Menschen offenbarten, Weisheit zu Schülern hingeben, und als Söhne Gottes ihn in uns selbst, und allen seinen Kindern anbeten“[19]. Das Privileg Christi als Gottes Sohn wird hier dementiert durch den Plural „Söhne Gottes“ für alle Menschen, und der Ausdruck „Gott in uns anbeten“ ist ein klares Zeugnis dafür, dass sich der dezidierte Nichtchrist Goethe inzwischen zu einer Art von Pantheismus bekennt.

Denn seit seiner näheren Bekanntschaft mit Spinozas Schriften (zuerst 1773 und verstärkt seit der Mitte der achtziger Jahre) setzt Goethe in der Nachfolge dieses Philosophen Gott und Natur, Gott und Dasein in eins, und diese Gleichsetzung bleibt von nun an im Wesentlichen sein Glaubensbekenntnis als Naturforscher wie als Dichter.[20] Aber je stärker er sich darin befestigte, desto mehr erschien ihm dieses Weltbild unvereinbar mit dem christlichen. So hat er 1811 Friedrich Heinrich Jacobis Schrift *Von den Göttlichen Dingen*[21] mit ihrem Bekenntnis zur übernatürlichen Offenbarung und der daraus folgenden These, dass die Natur Gott verberge, entschieden zurückgewiesen[22] und noch im Rückblick in den *Tag- und Jahres-Heften 1811* seine eigene „reine, tiefe, angeborne und geübte Anschauungsweise“ dagegengestellt, „die mich Gott in der Natur, die Natur in Gott zu sehen unverbrüchlich gelehrt hatte, so daß diese Vorstellungsart den Grund meiner ganzen Existenz machte“[23]. Als unmittelbare Antwort auf Jacobis Schrift kann ein 1812 entstandenes Gedicht gelten, worin Goethe den transzendenten Gott Jacobis mit dem eigenen, pantheistisch verstandenen konfrontiert:

Was wär' ein Gott, der nur von außen stieße,
Im Kreis das All am Finger laufen ließe!
Ihm ziemt's, die Welt im Innern zu bewegen,
Natur in Sich, Sich in Natur zu hegen,

So daß was in Ihm lebt und webt und ist,
Nie Seine Kraft, nie Seinen Geist vermißt.[24]

Aufschlussreich ist hier, dass Goethe in der vorletzten Zeile – wie auch sonst gerne – aus der Areopagrede des Apostels Paulus zitiert, worin dieser seinen skeptischen Zuhörern entgegenkommt, indem er sich auf zwei griechische Autoren, Aratos von Soloi und den Stoiker Kleanthes von Assos, beide aus dem 3. Jahrhundert v. Chr., beruft: „Denn in ihm leben, weben und sind wir; wie auch etliche Dichter bei euch gesagt haben: Wir sind seines Geschlechts“ (Acta 17, 28).

*

Nun beschränkte sich Goethes Auseinandersetzung mit dem Christentum seit den achtziger Jahren nicht auf gelegentliche Repliken gegenüber Lavater und Jacobi. Sein Pantheismus konnte wesentliche christliche Glaubenssätze nicht einfach hinnehmen, musste vielmehr daran Anstoß nehmen: Dualismus von Gott und Welt; ein persönlicher, geschichtlich handelnder, um das Heil des Menschen besorgter Gott; Erbsünde und Erlösungsbedürftigkeit des Menschen; die Göttlichkeit Christi und die Erlösung durch einen menschgewordenen Gott am Kreuz. So hat Goethe den persönlichen Gott in einem nachgelassenen Zahmen Xenion mit dem Titel *Der Pantheist* bestritten:

Was soll mir euer Hohn
Über das All und Eine?
Der Professor ist eine Person,
Gott ist keine.[25]

Auch erkannte er nur die Menschennatur Jesu, nicht seine Göttlichkeit an – in der Nachfolge Lessings, der in einem späten Fragment (1780)[26] zwischen der „Religion Christi“ und der „christlichen Religion“, zwischen der Lehre des Menschen Jesus in den Evangelien und seiner Verehrung als Gottessohn, unterschied. So auch Goethe in einem Gedicht aus dem *Divan*-Nachlass:

Jesus fühlte rein und dachte
Nur den Einen Gott im Stillen;
Wer ihn selbst zum Gotte machte
Kränkte seinen heil'gen Willen.[27]

Man spürt aus diesen Zeilen, wie sehr Goethe den Jesus der Evangelien, den Menschen und Menschheitslehrer, verehrt hat. Noch elf Tage vor seinem Tod hat er gegenüber Eckermann (11. März 1832) Christi sittliche Hoheit gerühmt: „Fragt man mich, ob es in meiner Natur sei, ihm anbetende Ehrfurcht zu erweisen, so sage ich: durchaus! – Ich beuge mich vor ihm, als der göttlichen Offenbarung des höchsten Prinzips der Sittlichkeit. –" Und dann fährt er fort: „Fragt man mich, ob es in meiner Natur sei, die Sonne zu verehren, so sage ich abermals: durchaus! Denn sie ist gleichfalls eine Offenbarung des Höchsten, und zwar die mächtigste, die uns Erdenkindern wahrzunehmen vergönnt ist. Ich anbete in ihr das Licht und die zeugende Kraft Gottes, wodurch allein wir leben, weben und sind, und alle Pflanzen und Tiere mit uns."[28] Christus wird hier zu den höchsten Erscheinungen auf dieser Welt gezählt, die Gleichsetzung mit der Sonne aber ist wieder nur aus pantheistischer Perspektive verständlich, die nur natürliche Offenbarungen Gottes kennt.

Aus dem gleichen Gesichtspunkt musste Goethe das Kreuz ablehnen, da es für ihn nicht Zeichen der Erlösungstat Gottes, sondern ein Bild des Verbrechens an der Menschlichkeit Jesu war. Der Grad der Ablehnung aber wechselt. In der Jugend fehlt noch jede Polemik. Zwei Beispiele aus poetischen Werken lassen sogar eine positive Einstellung erkennen. Das erste ist eine sog. Fetzenszene im *Urfaust* mit der Überschrift „Landstrase"[29]. Es ist ein impressionistisch-knapper Dialog zwischen Faust und Mephistopheles, eingeschaltet zwischen „Auerbachs Keller" und dem Beginn der Gretchenhandlung:

Land Strase.

Ein Kreuz am Weege rechts auf dem Hügel ein altes Schloß, in der Ferne ein Bauerhüttgen.

FAUST

Was giebts Mephisto hast du Eil?
Was schlägst vorm Kreuz die Augen nieder?

MEPH:

Ich weis es wohl es ist ein Vorurtheil,
Allein genung mir ists einmal zuwieder.

Widerwillen gegen das Kreuz zeigt nur Mephistopheles, nicht Faust, der sich über das Verhalten seines Begleiters wundert. Uns überrascht das nicht, denn das Zeichen seiner Niederlage wird der Teufel kaum anerkennen. Auffällig aber ist, dass der junge Dichter von 1773 hier seine spätere eigene Abneigung gegen das Kreuz noch dem Mephistopheles in den Mund legt und diesen gar noch seinen Widerwillen als „Vorurteil", als unsachgemäße subjektive Meinung zugeben lässt. Diese kurze Szene wird dann allerdings nicht mehr in das *Faust*-Fragment von 1790 und auch nicht in *Faust I* von 1808 übernommen. Das zweite Beispiel stammt aus dem Epenfragment *Die Geheimnisse* (1783), wo über einer Klosterpforte das Kreuz erblickt und als ein Zeichen gerühmt wird,

Das aller Welt zu Trost und Hoffnung steht, [...]
Das die Gewalt des bittern Tods vernichtet,
Das in so mancher Siegesfahne weht [...][30]

Dieses Kreuz ist freilich hier „mit Rosen dicht umschlungen"[31] – als Emblem einer Bruderschaft, die die Vereinigung aller Religionen im Zeichen der Humanität symbolisiert. Der italienische Goethe hingegen äußert seine Abneigung gegen das Kreuz in einer Polemik von verletzender Schärfe, vor allem im *Venetianischen Epigramm* Nr. 66 (1790)[32]. Man muss allerdings bedenken, dass Goethe sich besonders gegen die Darstellung des Gemarterten am Kreuz gewehrt hat. Das „leidige Marterholz" erscheint ihm als „das Widerwärtigste unter der Sonne".[33] Goethe lehnt als Augenmensch, noch dazu im Raum der klassischen Ästhetik, alles Hässliche, Extreme, Maßlose, Furchtbare und Grauenerregende ab. Im Alter gibt es dennoch keine Ausfälle mehr, die Ablehnung des Kreuzes wird jetzt näher begründet. So vermitteln die Lehrer in der Pädagogischen Provinz der *Wanderjahre* (1820) ihren Zöglingen das Leiden und den Tod Christi als „ein Vorbild erhabener Duldung", halten es aber „für eine verdammungswürdige Frechheit, jenes Martergerüst und den daran leidenden Heiligen dem Anblick der Sonne auszusetzen, die ihr Angesicht verbarg, als eine ruchlose Welt ihr dieß Schauspiel aufdrang".[34] Goethe hat wohl nur spätgotische und barocke Darstellungen mit ihrer oft drastischen Dramatik gekannt. Hätte er ein romanisches Kruzifix erlebt, das den Erlöser nicht als Leidenden und Sterbenden, sondern als Triumphator über Tod und Sünde in königlicher Ruhe darstellt, hätte er das Kruzifix vielleicht eher akzeptieren können.

Neben den dogmatischen Fragen hat sich Goethe auch mit dem kirchlichen Leben der Konfessionen, mit dem Kirchenregiment in Geschichte und Gegenwart, mit Frömmigkeit, Kult und Liturgie auseinandergesetzt. In der Kirchengeschichte erblickte er, ganz mit den Augen Arnolds, nach einem reinen Beginn im Urchristentum eine fortdauernde Verfallsgeschichte, wofür er die klerikale Verfassung, das „Pfaffenwesen", wie er es gerne nannte, verantwortlich machte, bei dem er von jeher die Neigung zu Willkür und Unterdrückung zu wittern glaubte.[35] – Kult und Liturgie nahm er vor allem in Italien wahr, fand den barocken Pomp katholischer Gottesdienste „prächtig und würdig", aber doch auch überladen, so dass er als ein zweiter Diogenes ausrufen wollte: „Verdeckt mir doch nicht die Sonne höherer Kunst und reiner Menschheit."[36] Umso überraschender war es für die Zeitgenossen, als Goethe im 7. Buch von *Dichtung und Wahrheit* (1812)[37] die sieben katholischen Sakramente als symbolischen Zyklus für den geistigen Zusammenhang des menschlichen Lebens würdigte und dabei so genau die transzendente Qualität der sakramentlichen Zeichen wahrte, dass schon damals katholische Leser voll Bewunderung waren[38], protestantische hingegen vielfach Ärgernis nahmen.[39] Zwei Jahre später erlebte Goethe auf seiner Rheinreise im Sommer 1814 katholische Volksfrömmigkeit. Er nahm am St.-Rochus-Fest in Bingen teil und bewies in seinem heiter-beschwingten Bericht[40] über diese bunte und volkreiche Wallfahrt erneut eine erstaunliche Einfühlungskraft, diesmal in das Zugleich von katholischer Frömmigkeit und Lebensfreude, von Andacht und weinlustiger Geselligkeit. Diese Harmonie von Geistlichem und Weltlichem war Goethe überaus sympathisch, kam seiner eigenen Weltsicht recht nahe, und so hat er denn auch in der Schilderung des Rochusfestes diese Harmonie in vielen ernsten und humorvollen Szenen gezeichnet. Immer aber bleibt er Zuschauer, nicht eigentlich Teilnehmer, er beobachtet und registriert, ja die Kernstücke dieses Heiligenfestes – die Rochuslegende und die Schlusspredigt[41] – werden lediglich zitiert, nicht kommentiert, nur ihre Wirkung auf die gläubigen Zuhörer genannt. Goethe bleibt also distanziert, begegnet aber hier – anders als in Italien – der katholischen Welt mit unverkennbarem Wohlwollen.

*

Die beiden letzten Beispiele zeigen den Anfang einer neuen Offenheit Goethes gegenüber ihm fremden oder fremd gewordenen religiösen Formen und Denkarten. Um 1813 weicht der bisherige Ausschließlichkeitsanspruch seines Pantheismus einer Trias religiöser Perspektiven. In den *Maximen und Reflexionen* findet sich der Satz: „Wir sind naturforschend Pantheisten, dichtend Polytheisten, sittlich Monotheisten."[42] Seine bisher vorherrschende Weltsicht wird jetzt auf das Gebiet der Naturforschung eingeschränkt, für sein Dichten reserviert sich Goethe die Vielfalt des heidnischen Götterhimmels und für sein persönliches Leben bekennt er sich zu dem einen Gott, der als Schöpfer, Erhalter und Richter auch von der protestantischen Theologie der Zeit aus der natürlichen Offenbarung abgeleitet worden war. Wenngleich Goethe mit dem Monotheismus nicht zum Christentum zurückkehrt, öffnet er sich doch wieder einer metaphysischen Anschauung der Welt.[43] Ein wichtiges Zeugnis dafür ist der Begriff des „Dämonischen", den Goethe 1813 für das letzte Buch von *Dichtung und Wahrheit* rückwirkend in die Geschichte seiner religiösen Entwicklung einfügt.[44] Zunächst hatte er sein Leben nach den notwendigen, zielsicheren Naturgesetzen der pflanzlichen Metamorphose darzustellen gedacht, doch seit dem Frühjahr 1813 wird ihm dieses Modell fragwürdig, und er ersetzt es durch die Vorstellung eines von willkürlichen Außenkräften beherrschten Lebens.[45] Diese Kräfte nennt er „das Dämonische" und rückt es ausdrücklich in religiöse Zusammenhänge, indem er betont, dass ihm schon früh auf seinen Wanderungen von der „natürlichen" über die „positive" Religion bis zum „allgemeinen Glauben" ein dazwischenliegendes „Ungeheures, Unfaßliches" begegnet sei[46], und er umschreibt dieses „Unfaßliche“ als „eine der moralischen Weltordnung, wo nicht entgegengesetzte, doch sie durchkreuzende Macht“[47]. Damit werden die immanenten Kräfte von Ich und Welt ihrer bisherigen Selbstherrlichkeit beraubt und von einer wie immer gearteten metaphysischen Komponente relativiert.

*

Wir haben bisher Goethes persönliches Verhältnis zum Christentum und seine Auseinandersetzung mit ihm und zugleich seine eigene religiöse Entwicklung in den Blick genommen und dafür vor allem Selbstzeugnisse verschiedener Art, aus Briefen, Gesprächen, autobiographischen Schriften und Spruchliteratur, herangezogen. Nun hat sich aber Goethe über Gott und die Welt nie nur philosophisch oder theologisch geäußert, er war auch – und dies in erster Linie – ein Dichter, und so hat er sein nuancenreiches Bild vom christlichen Glauben und Leben vielfach in seine Dichtungen aufgenommen und in poetische Bilder verwandelt, die auf dieser fiktiven Ebene einen neuen Symbolwert gewinnen. Ein paar Beispiele haben wir schon kennengelernt, einige weitere wichtige seien im Folgenden näher betrachtet, und zwar aus dem Doppelroman *Wilhelm Meisters Lehrjahre* und *Wilhelm Meisters Wanderjahre* sowie aus beiden Teilen der *Faust*-Dichtung.

*

In *Wilhelm Meisters Lehrjahre* hat Goethe 1795 als 6. Buch die „Bekenntnisse einer schönen Seele“[48] eingelegt, die lange als bloße Überarbeitung einer realen herrnhutischen Konfession, nämlich der Susanna Katharina von Klettenberg, betrachtet worden sind. Auf den ersten Blick scheinen in der Tat zumindest die beiden ersten Drittel des Buches, also vor seiner Verknüpfung mit dem übrigen Roman, weithin mit realen pietistischen Konfessionen übereinzustimmen. Der Aufbau folgt durchaus dem Schema der Erweckungsgeschichte, ein Stufenweg führt zum Höhepunkt, einer Vision des Gekreuzigten; ja bis in den Wortlaut hinein erinnern diese „Bekenntnisse“ mit bestimmten Termini, Wendungen und Bildern deutlich an herrnhutische Lebensläufe. Aber alle diese Übereinstimmungen können und wollen nicht verbergen, dass hier nicht das Bekenntnis eines von oben her bestimmten Gnadenweges, sondern das einer sich in Stufen vollziehenden Selbstverwirklichung formuliert ist. Zentrum der Darstellung ist nicht mehr Gott, sondern die Sensibilität des Herzens oder der Seele, die durch äußere Umstände sofort auf sich selbst zurückgeführt wird. Wenn dabei jedes Mal der Wunsch erwacht, sich darüber mit Gott zu unterhalten und Hilfe bei ihm zu holen, dann wirken auch diese Gebete immer wie Selbstgespräche, worin eine sittliche Natur mit sich ins Reine kommen will. Ja, selbst die Vision Christi wird nicht, wie bei den Pietisten, als Epiphanie, sondern als eine durch höchste Konzentration des Geistes erfahrene innere Anschauung gedeutet. Ziel all dieser Anstrengungen der schönen Seele ist also nicht mehr die Erlösung durch einen gnädigen Gott, sondern die aus eigener Kraft erreichbare Selbständigkeit des Individuums gegenüber der Welt, weshalb ihre Bekenntnisse auch keinen Bekenntniston, sondern einen sehr ruhigen und distanzierten Erzählstil besitzen.

Bis in die übernommenen Stil- und Aufbauformen hinein erweisen sich so die „Bekenntnisse einer schönen Seele“ als Verwandlung der religiösen in eine psychologische Konfession. Goethe hat diese Säkularisation unternommen, weil er damit den traditionellen Nuancenreichtum religiöser Konfessionen in der Darstellung seelischer Zustände und Vorgänge für seine Erzählung nutzen konnte. Solche Säkularisation war zugleich notwendig, um dieses Lebensbild in die Welt des Oheims und des ganzen Romans als einen weiteren Bildungsweg aufnehmen zu können. Denn gerade die Umdeutung ihres religiösen Erlösungswunsches in den Willen zu geistiger und moralischer Selbständigkeit macht die schöne Seele dem Oheim wesensverwandt und zu einer positiven Begegnung mit diesem Repräsentanten höchster weltlicher Kultur fähig.

Eine andersartige Säkularisierung des Christentums, nämlich in Form eines religionsgeschichtlichen Lehrvortrags, unternehmen im 2. Buch von *Wilhelm Meisters Wanderjahren* (1820) die Oberen der Pädagogischen Provinz in langen Gesprächen mit Wilhelm.[49] Die seltsame Gebärdensprache ihrer Zöglinge erklären sie als Ausdruck der Ehrfurcht vor dem, was über uns (Gott), neben uns (der Mitmensch) und unter uns (die Erde) ist. Auf diesen drei Ehrfurchten seien drei Religionen gegründet, die zuerst abstrakt erläutert und hernach in Bildergalerien illustriert werden:

1) die ethnische oder heidnische Religion, die Religion der Völker, zu deren Muster die israelitische Religion und Geschichte des Alten Testaments erklärt wird;

2) die philosophische Religion. Sie werde vom „Philosophen" oder „Weisen" vertreten, der „alles Höhere zu sich herab, alles Niedere zu sich herauf zieht" und im Durchschauen aller Verhältnisse „allein in der Wahrheit (lebt)". Nun aber erklären die Oberen diese „philosophische Religion" mit Beispielen aus dem Leben und der Lehre Christi, mit Wundern und Gleichnissen aus dem Neuen Testament und verstehen Christus als „wahren Philosophen" und „Weisen im höchsten Sinne", der in den Armen und Kranken „das Niedere zu sich herauf zieht" und durch seine Gleichstellung mit Gott „das Höhere" zu sich herabzieht. Auf diese Weise wird der göttliche Erlöser zu einem Repräsentanten der Humanität in Lehre und Praxis säkularisiert, weshalb die Galerie nur Bilder von Christi Erdenwandel bis zum letzten Abendmahl, nicht von seinem Ende zeigt. Von diesem Ende sprechen die Pädagogen nur bei der Erläuterung der dritten,

3) der christlichen Religion. Von ihr heißt es, dass sie „Niedrigkeit und Armuth, Spott und Verachtung, Schmach und Elend, Leiden und Tod als göttlich anerkennt, ja Sünde selbst und Verbrechen [...] als Förderniss des Heiligen verehrt und liebgewinnt". Und da die Oberen das *Leben* Christi für fruchtbarer halten als seinen Tod, bleiben die Bilder „jener Verehrung des Widerwärtigen, Verhaßten, Fliehenswerthen", also die Bilder der Passion Christi einschließlich des Kruzifixes, im „Heiligthum des Schmerzes" verschlossen, das jedes Jahr nur einmal geöffnet wird. Diese christliche Religion wird als ein religionsgeschichtlich „Letztes" bezeichnet, „wozu die Menschheit gelangen konnte und mußte" – eine äußerste Konsequenz also in einer fast naturgesetzlich verstandenen Kulturgeschichte.

Im Anschluss an diese Aufzählung bekennen sich die Pädagogen zu allen drei Religionen, da sie zusammen erst die „wahre Religion" hervorbringen, nämlich die Ehrfurcht vor sich selbst, die als oberste aus den drei Ehrfurchten entspringe.[50] Dadurch gelange der Mensch zum Höchsten, was er erreichen kann, er dürfe sich für das Beste halten, „was Gott und Natur hervorgebracht haben". Hier mündet die Religionslehre der Pädagogen in den Pantheismus der Zeit, der den „Gott in uns" anbetet und die Menschen für „Söhne Gottes" erklärt. Folgerichtig deuten die Oberen das christliche Credo in ihrem Sinne um. Sie finden nämlich in den drei Glaubensartikeln die ethnische, die christliche und die philosophische Religion ausgedrückt und interpretieren dabei die christliche wieder nur als Religion der Leidenden und bei der philosophischen die „Gemeinschaft der Heiligen" als „der im höchsten Grad Guten und Weisen". Und wenn daraufhin die mit den drei Artikeln verbundenen „drei göttlichen Personen" für die „höchste Einheit" gelten sollen, so erscheint die christliche Dreieinigkeitslehre nur noch als eher schiefe denn zutreffende Metapher für das Verhältnis der einen „wahren" zu den drei historischen Religionen.

*

Zum Schluss sei der Stellenwert christlicher Glaubens- und Lebenswelt in einigen wichtigen Szenen der *Faust*-Dichtung erkundet. Es sind Szenen von existenzieller Bedeutung für die Titelgestalt dieser Tragödie: Faust wird an Angelpunkten seines Lebens mit dieser ihm fremd gewordenen Welt konfrontiert, wodurch sein eigenes Wesen schärfer konturiert, ja zuletzt umgewandelt wird.

Eine erste Begegnung erlebt Faust am Schluss[51] der Eröffnungsszene „Nacht" von *Faust I.* Als er dort nach dem Absturz aus seiner vermeintlichen Gottähnlichkeit diese Welt verlassen will und schon die Schale an den Mund setzt, hört er „Glockenklang und Chorgesang", Wechselchöre der Osternachtliturgie aus benachbarter Kirche. Es sind nach dem Muster mittelalterlicher Osterfeiern Responsorien der Engel, der Frauen am Grabe, der Jünger des Herrn, die teils hymnisch die Auferstehung Christi preisen, teils den Verlust des nunmehr „lebend Erhabenen" beklagen. Der von diesen Responsorien eingerahmte Monolog Faustens reagiert auf diese ihn überraschenden Klänge zunächst mit Fragen und Zweifeln, ja mit dem Versuch einer Abwehr, sich „jenen Sphären" auszusetzen, „woher die holde Nachricht tönt". Dann aber muss er bekennen, dass dieser ihm von Jugend auf gewohnte Klang und die damit verbundene Erinnerung an frühe Erlebnisse geistlicher Art ihn vom letzten Schritt zurückhalten, und er wünscht am Ende gar das Forttönen der „süßen Himmelslieder". Sosehr hier an sich die inhaltliche Analogie gegeben ist zwischen der Auferstehung des Herrn und der Auferstehung des Faust, nämlich aus tiefster Verzweiflung zu neuem Lebensmut – der

Dichter hat darüber hinaus deutlich machen wollen, dass im religiösen Bereich nicht nur Glaubensinhalte, sondern vielleicht noch mehr frühe Kindheitseindrücke, vermittelt durch Liturgie und Kirchenlieder, unverlierbare Wirkmacht besitzen.

Eine ganz andere, für ihn höchst prekäre Konfrontation mit dem Christentum erfährt Faust im Religionsgespräch mit Gretchen (schon im *Urfaust,* 1774 entstanden)[52]. Das zu kirchlicher Frömmigkeit erzogene Mädchen wünscht die Rettung des Geliebten vor dem ewigen Tod und ist deshalb um seine religiöse Einstellung besorgt. Auf alle ihre konkreten Fragen nach Glaube an Gott, nach Kirchgang und Sakramenten weicht Faust ins Unbestimmte aus und ergeht sich in enthusiastischer Rhetorik mit sich steigernder Fragesatzkette, die den „Allumfasser", den „Allerhalter" schließlich in die Seligkeit des eigenen Gefühls verwandelt, wofür er „Glück! Herz! Liebe! Gott!" als austauschbare und doch immer unzureichende Namen zur Auswahl stellt. Gretchen versucht ihm zwar zu folgen, erkennt aber am Ende die Unvereinbarkeit von Faustens pantheistischem Bekenntnis und ihrem eigenen Glauben:

Steht aber doch immer schief darum;
Denn du hast kein Christenthum.[53]

Faust kann darauf nichts mehr erwidern und verlegt sich bei der anschließenden Kritik Gretchens an Mephistopheles und an Fausts Partnerschaft mit diesem Gesellen aufs Lügen und Beschönigen, um die Liebe Gretchens nicht zu verlieren.

Der Dichter hat mit dem einfachen und sicheren Glauben Gretchens und mit ihrer daraus entspringenden Sorge um das Seelenheil ihres Geliebten erneut die ganze Liebenswürdigkeit dieses Mädchens gestaltet. Faust hingegen erscheint als einer, der nicht nur den ihm gestellten Fragen ausweicht, sondern mit der Suada seines Bekenntnisses die Geliebte beeindrucken und damit verführen will, was ihm ja auch am Ende des Gesprächs mit der Verabredung für die kommende Nacht gelingt.[54]

Hier findet also nirgends eine Säkularisation des Christlichen statt, vielmehr arbeitet die ganze Szene das einfache, unverstellte Christentum Gretchens und den überschwenglichen Pantheismus Faustens als scharfe Gegensätze heraus und wertet die eine Seite als selbstlos, sicher und gefühlswahr, die andere als egozentrisch, unverbindlich und zweideutig. Das ist umso bemerkenswerter, als das Bekenntnis des Faust im Religionsgespräch „Grundüberzeugungen der Geniezeit“[55] und also auch des jungen Goethe formuliert. Das aber hindert diesen als Dichter nicht, in poetischer Distanz ein nach altem Brauch christgläubiges Gemüt durch und durch positiv zu zeichnen und dagegen den eigenen modernen Pantheismus als eine zwielichtige und fragwürdige Haltung erscheinen zu lassen.

Dieser religiöse Gegensatz zwischen Faust und Gretchen bleibt aber in dieser Tragödie nicht Gegenstand eines bloßen Gesprächs; er gewinnt existenzielle Bedeutung bei ihrer nächsten und zugleich letzten Begegnung – im Kerker[56]. Fausts verzweifelte Versuche, die Geliebte aus der Haft und vor dem Tod zu retten, scheitern endgültig, als Mephistopheles in der Tür erscheint und zur Eile mahnt. Der im Wahnsinn hellsichtige Blick des Mädchens erkennt untrüglich den Bösen:

Was will der an dem heiligen Ort?
Er will mich![57]

Warum nennt sie den Kerker einen „heiligen Ort“? Weil sie inzwischen über die Todesangst hinweg zu einer elementaren Bereitschaft gefunden hat, ihr Schicksal anzunehmen, für ihre Schuld zu büßen und das irdische Gericht für das göttliche zu nehmen:

Gericht Gottes! Dir hab’ ich mich übergeben!
[…]
Dein bin ich, Vater! Rette mich!
Ihr Engel! Ihr heiligen Schaaren,
Lagert euch umher, mich zu bewahren![58]

Abwehr des Teufels durch Selbstüberantwortung an das rettende Gericht des Vaters und durch Anruf der schützenden Engel – mit diesem entschlossenen Schritt begibt sich Gretchen wieder ganz in die ihr vertraute religiöse Welt, die allein sie vor dem ewigen Verderben bewahren kann. Faust hingegen, vor dem es Gretchen am Ende graut, erscheint als der schlechthin Ohnmächtige, sie zu retten, und mehr denn je als der dem Teufel Verfallene, den dieser mit einem brutalen „Her zu mir!“ von der Geliebten zu sich herüberreißt.

Mit Gott, Engel und Teufel gewinnt diese letzte Szene des Ersten Teils der Tragödie eine religiöse Dimension von barockem Ausmaß. So übernimmt Mephistos Urteil über Gretchen: „Sie ist gerichtet!“[59] eine Tradition aus dem frühen Welttheater, das noch im Puppenspiel *Doktor Johannes Faust* bis ins 18. Jahrhundert lebendig ist. Während aber dort dem Richterspruch „judicatus es“ alsbald ein „damnatus es“ folgt[60], entgegnet in Goethes Drama die „Stimme von oben“: „Ist gerettet!“[61] – ein bestätigendes Zeugnis des Himmels, dass Gretchens Buße angenommen ist. Zudem ist diese „Stimme“ das einzige Zeichen „von oben“, das in das irdische Geschehen dieser Tragödie eingreift. Es ist sowohl eine kurze Erinnerung an die höhere Ebene des „Prologs im Himmel“ als auch ein verheißungsvoller Vorklang auf die „Bergschluchten“-Szene, den Schluss also der gesamten *Faust*-Dichtung, wo Gretchen im Aufgang zum Himmel als die gerettete Büßerin erscheint.

Über diese „Bergschluchten“-Szene[62], mit der *Faust II* schließt und mit der auch wir unsere Beispielreihe abschließen wollen, hat Goethe zu Eckermann am 6. Juni 1831 bemerkt: „Übrigens werden Sie zugeben, daß der Schluß, wo es mit der geretteten Seele nach oben geht, sehr schwer zu machen war und daß ich, bei so übersinnlichen, kaum zu ahnenden Dingen, mich sehr leicht im Vagen hätte verlieren können, wenn ich nicht meinen poetischen Intentionen durch die scharf umrissenen christlich-kirchlichen Figuren und Vorstellungen eine wohltätig beschränkende Form und Festigkeit gegeben hätte.“[63] Mit den „christlich-kirchlichen *Figuren*“ meint Goethe heilige Anachoreten und Büßerinnen aus biblischer und frühchristlicher Zeit, die zusammen mit Engeln verschiedenen Grades in hierarchischer Ordnung im Aufblick zur Mater gloriosa als dem Mittel- und Höhepunkt dieses eher katholischen als protestantischen Himmels gruppiert sind. Die „christlich-kirchlichen *Vorstellungen*“ hingegen werden in dieser Szene nicht unverändert übernommen. Schon die Botschaft der Engel über das endliche Schicksal Faustens, dessen „Unsterbliches“[64] sie tragen, weicht vom Bild des christlichen Heilswegs ab:

Gerettet ist das edle Glied
Der Geisterwelt vom Bösen,
„Wer immer strebend sich bemüht
Den können wir erlösen.“

Und hat an ihm die Liebe gar
Von oben Theil genommen,
Begegnet ihm die selige Schaar
Mit herzlichem Willkommen.[65]

Nicht Glaube und gute Werke, sondern Streben und Sich-Bemühen, eine rastlose Tätigkeit werden als Bedingung genannt, wie sie ja schon der Herr im „Prolog im Himmel" von Faust gefordert hatte.[66] Zwar hat dieser solche Bedingung sein Leben lang erfüllt, sich dabei aber immer wieder in tiefe Schuld verstrickt. Dennoch findet jetzt kein Gericht Gottes über Faust statt, wie es Goethe ursprünglich in einem Epilog im Himmel (als Gegenstück zum „Prolog") mit Christus als Richter geplant hatte.[67] Vielmehr sprechen die Engel von der „Liebe von oben" als der entscheidenden Erlösungskraft. Vollends aber weicht die Art und Weise, wie Faust die „Liebe von oben" zuteil wird, von christlicher Heilsvorstellung ab. Denn weder der Herr noch Christus schenken ihm Gnade und Verzeihung, sondern die Mater gloriosa, die vom Doctor Marianus mit

Jungfrau, Mutter, Königin,
Göttin, bleibe gnädig![68]

angerufen, ja angebetet wird.

Als Mittlerin dieses Gnadenakts aber fungiert Gretchen, die hier als „Una Poenitentium, sonst Gretchen genannt"[69] im Kreis berühmter Büßerinnen des Neuen Testaments erscheint und von diesen in ihrer Fürbitte für Faust unterstützt wird:

Neige, neige,
Du Ohnegleiche,
Du Strahlenreiche,
Dein Antlitz gnädig meinem Glück.
Der früh Geliebte,
Nicht mehr Getrübte
Er kommt zurück.[70]

Mit der Kontrafaktur ihres frühen Hilferufs zur Mater dolorosa lässt Gretchen ihre eigene Umwandlung von der Verzweifelten zur Geretteten erkennen, ihr ganzes Glück ist die Rückkehr des Geliebten, ihr einziger Wunsch sein Aufstieg „zu höhern Sphären".

Wenn hier Maria die Stelle der Dreifaltigkeit einnimmt und als Himmelskönigin vergöttlicht wird, soll sie die gnadenhafte göttliche Liebe unter weiblicher Form, als das „Ewig-Weibliche" verkörpern. Und wenn Gretchen daran mitwirken darf, Faustens Unsterbliches zu „höhern Sphären" emporzuführen und so zu neuem Leben „umzuarten", hat auch ihre menschliche Liebe teil an der göttlichen. Solche Heiligung des Irdischen ist hier Goethes „poetische Intention", christlichen Himmel und christliche Gedanken als Bilder für die eigene Humanitätsidee zu gewinnen. Darin Blasphemisches zu sehen, wäre ein Missverständnis. Goethe wollte durch die scharfen Umrisse der kirchlichen Figuren und Vorstellungen nur eine einigermaßen bühnengerechte Anschaulichkeit der an sich unbeschreibbaren Vorgänge erreichen. In *einem* Punkt freilich hat er die Festigkeit des christlichen Himmels bewusst verschmäht. Denn während Dante im „Paradiso" einen klar begrenzten, neunfach gegliederten Sphärenhimmel durchwandert, um am Ende in der höchsten Höhe inmitten der wiederum neun Chöre der Engel das Licht der Dreifaltigkeit zu erblicken, steigt der Weg des erlösten Faust über die Bergschluchten hinauf immer weiter ins Unendliche und Unabsehbare, so dass er am Schluss des Dramas keine Erfüllung findet, sondern der Prozess seiner Vervollkommnung erst beginnt und wohl nie ein Ende finden wird[71] – ein Bild für die unsterbliche und sich nur immer steigernde Existenz der entelechischen Monade, zugleich ein Bild für die Unerforschlichkeit und Unerreichbarkeit des Göttlichen, in dessen unendlichen Räumen „wir verschweben, wir verschwinden", wie es der sinnverwandte Schluss des *Divan*-Gedichts *Höheres und Höchstes* verkündet.[72]

*

Blicken wir am Ende auf unser vielschichtiges Thema zurück, so können wir festhalten: Goethes Verhältnis zum Christentum und seine Auseinandersetzung mit ihm sind nur vor dem Hintergrund der auch für das religiöse Denken radikalen Umbruchzeit der Aufklärung verständlich, die bis in die Theologie hinein den Glauben an die übernatürliche Offenbarung Gottes aufgegeben und an seine Stelle eine neue Vernunftreligion gesetzt hat. In diesem Rahmen ist die religiöse Entwicklung des jungen Goethe durch einen allmählichen, sich in Stufen vollziehenden Abschied vom kirchlich gebundenen Christentum und eine damit korrespondierende Entscheidung für eine persönliche Variante des zeitgenössischen Pantheismus gekennzeichnet. Aus diesem Blickwinkel der eigenen Religion beurteilt Goethe in Selbstzeugnissen verschiedener Art (Briefen, Gesprächen, Spruchliteratur) das Christentum seiner Zeit teils positiv, teils kritisch, ja mitunter polemisch, namentlich in der klassischen Epoche seiner mittleren Jahre. Im Alter dagegen öffnet er sich wieder einer metaphysischen Anschauung der Welt, ja bekennt sich im Sittlichen zum Monotheismus.

Eine vom persönlichen Urteil Goethes unabhängige Gestalt gewinnt das Christentum in seinen Dichtungen. Entweder bewahrt Goethe hier dem Christentum seine ursprüngliche Kontur, etwa als Kontrast zum pantheistischen Bekenntnis (*Faust I*), oder er verwertet säkularisierend die christliche Bild- und Gedankenwelt als anschauliche Symbolik seiner Humanitätsidee (*Lehrjahre, Wanderjahre, Faust II*). Immer aber bleiben in Goethes poetischen Werken die Erscheinungsformen christlichen Glaubens und Lebens unangetastet, verschont von jedem Sarkasmus und jeder Ironie. Vielmehr empfindet der *Dichter* Goethe das Christentum stets als hohes Kulturerbe von noch immer lebendigem Wert, unentbehrlich auch und gerade für die Gestaltung seines eigenen Werkes.

Goethes Religiosität

Läg' nicht in uns des Gottes eigne Kraft,
Wie könnt' uns Göttliches entzücken?
Zahme Xenien III

Das vorige Kapitel hat gezeigt, wie mit Goethes allmählichem Abschied vom Christentum seine Entscheidung für eine „eigene Religion“ korrespondiert. Diese persönliche Religiosität Goethes, die dort nur als Folie skizziert werden konnte, soll im Folgenden genauer dargestellt werden.[1] Dabei ist es freilich nicht möglich, ein einheitliches, völlig widerspruchsfreies Bild zu zeichnen; denn zum Hauptstrang von Goethes religiöser Entwicklung, nämlich seiner individuellen Variante des zeitgenössischen Pantheismus, treten sowohl in frühen Jahren als auch vor allem im Alter unüberhörbare Zeugnisse metaphysischer Vorstellungen, die mit seinen lebenslang vorherrschenden pantheistischen Bekenntnissen nicht ohne weiteres kompatibel sind.

Goethes Neigung zum pantheistischen Denken bezeugen schon früh (Anfang 1770) zwei Notizen in seinem ältesten Tagebuch, den *Ephemerides.* Die erste Notiz[2] kritisiert ein kurzsichtiges Urteil Pierre Bayles über den ersten Pantheisten der Neuzeit, Giordano Bruno, und zitiert dabei einige Sätze Brunos aus dessen Widmungsbrief zum Traktat *Della causa, principio ed uno* (1584), die die Identität des Einen, des Unendlichen und des Seienden und eine daraus folgende Koinzidenz des Unendlichen mit dem Individuum, der Vielheit mit der Einheit behaupten. Zwar betont Goethe, dass er selber diesen Sätzen nicht zustimme, fordert aber gegenüber Bayle „une explication et une recherche plus philosophiques“ dieser Gedanken Brunos, die er als „idees d'un grand homme“ bewertet.[3]

Wenige Seiten später antwortet Goethe erneut auf eine andere, die pantheistische Philosophie gleichfalls ablehnende Stimme, nämlich des Hamburger Altphilologen Johann Albert Fabricius in seiner *Bibliogra-*

phia antiquaria (Hamburg und Leipzig 1713, [2]1760). Fabricius lehnt darin (S. 236) im Kapitel „Deus cum rerum natura confusus“ die Annahme, „DEum esse [...] non modo causam et demiurgum, sed quoque materiam universi“[4] als Irrtum ab, den besonders Spinoza vertreten habe, eine Richtung, zu der auch alle Philosophen zu rechnen seien, „qui ut Stoici DEum statuerunt esse mundi animam“, also auch Giordano Bruno, wie man Fabricius ergänzen könnte.

Diesem negativen Urteil widerspricht nun Goethe mit einer gleichfalls lateinisch verfassten Antwort[5], was bisweilen Zweifel aufkommen ließ, ob sie von ihm selbst oder aus einer unbekannten fremden Quelle stammt.[6] Unabhängig davon bedeutet diese Entgegnung, im Unterschied zur eben noch geäußerten Zurückhaltung gegenüber den Ideen Brunos, nunmehr ein klares Bekenntnis Goethes zur neuplatonisch-pantheistischen Richtung.

Die Antwort beginnt mit vorsichtigen Formulierungen, die analog zum Leib-Seele-Verhältnis wohl eine Verbindung von Gott und Welt, aber noch nicht ihre Identität postulieren. „Die Seele erkennen wir nur vermittelst des Körpers (mediante corpore), Gott nur durch den Einblick in die Natur (perspecta natura).“[7] Deshalb erscheint es Goethe „töricht, die der Torheit zu zeihen, welche echt philosophisch Gott mit der Welt verknüpft haben (Deum cum mundo conjunxere)“. Bis hierher sind Goethes Sätze noch ganz konform mit dem Begriff der natürlichen Offenbarung Gottes (im Sinne von Psalm 19,2 und Röm. 1,20), mit der sich auch die protestantische Theologie der Aufklärungszeit häufig begnügt hat. Dann aber vollzieht Goethe mit dem nächsten Satz unvermittelt den Übergang zur All-Einheitslehre: „Quae enim sunt, omnia ad essentiam Dei pertinere necesse est, cum Deus sit unicum existens, et omnia comprehendat.“ (Denn alles was ist, muss zum Wesen Gottes gehören, da Gott das einzige Wirkliche ist und alles umfasst.) Die darauffolgende These, dass auch dieses Bild des allumfassenden Gottes noch nicht der Hl. Schrift widerspreche, kann Goethe nur noch als subjektive Bibelauslegung rechtfertigen; umso deutlicher sieht er seine Sentenz in Übereinstimmung mit dem Altertum, dessen hervorragende Männer das „systema emanativum“ als höchst vernunftgemäß beurteilt hätten.

Sehr anschaulich lässt dieses frühe religiöse Bekenntnis in nuce erkennen, dass Goethe schon 1770 den einzigen Weg zur Erkenntnis Gottes in der Erforschung der Natur erblickt und dass er vom Boden der christlichen Theologie der Zeit aus mit wenigen Schritten zum emanativ-pantheistischen Weltbild gelangt und dabei diese seine neue Überzeugung von ihrer antiken Tradition bestätigt sieht.

*

Diesen neuen Glauben teilt Goethe mit vielen seiner Generation, so dass seit den frühen siebziger Jahren die Genieästhetik des Sturm und Drang darauf aufbauen kann. Sie sieht im Künstler eine autonome Schöpferkraft wirken, die ihn – nach einem Wort Shaftesburys – zu einem „zweiten Schöpfer, zu einem wahren Prometheus"[8] macht. Dieses neue Selbstwertgefühl des Künstlers feiert den eigenen Genius als „Gott in uns", das eigene Schaffen als Frucht eines Enthusiasmus im wörtlichen Sinne, einer neuen Gotterfülltheit. Symbolgestalt für diese Selbstherrlichkeit des Künstlers wird auch bei Goethe die Figur des Prometheus, der in der bekannten Ode von 1774[9] mit zornerfüllter Rede Jupiter Ehrfurcht und Gehorsam aufkündigt und sich selbst als Schöpfer einer von Gott unabhängigen Welt proklamiert.

Aber auch in einer Reihe anderer Dichtungen bringt der junge Goethe Aspekte des neuplatonisch-pantheistischen Denkens, gelegentlich mit pansophisch-hermetischen Varianten, zum Ausdruck und verleiht dabei den einzelnen Begegnungen mit diesem Denken durchaus unterschiedliche Erfahrungswerte. Während etwa Prometheus im Rahmen des emanativen Systems die Konzentration, die Verselbstung des Menschen gegenüber dem göttlichen Ursprung repräsentiert, vertritt Ganymed in der ungefähr gleichzeitig entstandenen Ode[10] die Expansion, die Entselbstigung des Menschen, seine Sehnsucht nach Vereinigung mit dem Göttlichen, das unter den Bildern der frühlingshaften Natur und des „allfreundlichen Vaters" (32) erfahren wird. Eine (wohl auch zeitliche) Parallele dazu begegnet in einigen Briefen Werthers. Aber während das Ich der Ode auf die Liebe von oben antwortet und die Erfüllung seiner Wünsche in der Unio mystica des „umfangend umfangen" (29) erlebt, bleibt Werthers Sehnsucht unerfüllt, da er die All-Einheit von Gott und Welt nur als eine schwärmerische Vorstellung im eigenen Herzen erwecken kann. Denn wohl „fühlt" auch Werther zu Beginn (im Brief vom 10. Mai)[11] im Leben der Natur „die Gegenwart des Allmächtigen", „das Wehen des Allliebenden, der uns in ewiger Wonne schwebend trägt und erhält"; doch schon einige Wochen später (am 18. August)[12] kann er sich bei inzwischen verdüsterter Seele an dieses „volle warme Gefühl meines Herzens" nur noch wehmütig als an ein verlorenes erinnern, da er jenes „innere glühende, heilige Leben der Natur", in der „der Geist des Ewigschaffenden (weht)", jenes „Wesen", „das alles in sich und durch sich hervorbringt", nunmehr in eine „verzehrende Kraft", in ein „ewig verschlingendes, ewig wiederkäuendes Ungeheur" verwandelt sieht. Kurz vor der Niederschrift des *Werthers* hatte Goethe 1772 diesen Wechsel von Schaffen und Vernichten aus pantheistischer Sicht als ständiges Pulsieren der alle Gegensätze umfassenden Natur beschrieben: „Was wir von Natur sehn, ist Kraft, die Kraft verschlingt nichts gegenwärtig alles vorübergehend, tausend Keime zertreten jeden Augenblick tausend gebohren, groß und bedeutend, mannigfaltig ins Unendliche; schön und häßlich, gut und bös, alles mit gleichem Rechte neben einander existirend."[13] Dieses Nebeneinander gleichwertiger Vorgänge lässt Goethe nun seinen Werther als ein Nacheinander wertgegensätzlicher Erscheinungen, nicht als Kreislauf wiederkehrender Zustände, sondern als endgültigen Sturz von beseligender zu beängstigender Naturempfindung erleben. So hat er das für den Sturm und Drang neue Bild von der All-Einheit des Daseins in seinem frühen Romanhelden noch ganz den Schwankungen des Gefühls, dem wechselnden subjektiven Welterleben ausgesetzt, noch nicht Gegenstand eines sicheren Glaubens werden lassen.

Wesentlich kraftvoller und entschlossener lässt Goethe Faust, die andere Hauptgestalt dieser frühen Schaffensphase, neuplatonisch-pansophischen Zeichen und Gesichten gegenübertreten. Wenn Faust in der Eingangsszene „Nacht"[14] erkennen will, „was die Welt / Im innersten zusammenhält" (29–30), versucht er mit Hilfe der Magie, sich die „Kräffte der Natur [zu] enthüllen" (85). Diesen Wunsch scheint ihm zunächst „das Zeichen des Makrokosmus" (vor 77) aus einem Manuskript des Pansophen Nostradamus zu erfüllen. Denn in dieser geometrischen Figur, die die magischen Beziehungen zwischen Himmel, Erde und Mensch durch Linien und Kreise zu kunstvoller Symmetrie komponiert[15], glaubt Faust das Bild der in sich kreisenden lebendigen Natur zu schauen:

Wie alles sich zum Ganzen webt
Eins in dem andern würkt und lebt
Wie Himmels kräffte auf und nieder steigen
[...]
Vom Himmel durch die Erde dringen
Harmonisch all das all durchklingen. (94–96, 99–100)

Faust ist begeistert von diesem Zeichen einer göttlich durchwirkten Welt und verliert sich doch nicht in dieses Bild. Schon der Ausruf „Welch Schauspiel!" zeigt diese Distanz, noch mehr seine Enttäuschung „aber ach ein Schauspiel nur" (101). Doch statt zu verzweifeln, sucht er die „unendliche Natur", die „Quellen alles Lebens" (102–103) jetzt unmittelbar zu fassen: durch Beschwörung des Erdgeistes.

Mit dieser Gestalt hat Goethe einen eigenen Mythos geschaffen. Wohl gab es in der naturphilosophischen Tradition allgemeine Vorstellungen eines „archeus terrae" (Paracelsus) oder einer „anima terrae" (Giordano Bruno), ja das von Goethe vielfach konsultierte *Mythologische Lexikon* von Benjamin Hederich (Leipzig ^{2}1770) übersetzt den antiken Namen „Daemogorgon" (Sp. 858) mit „Erdgeist", erklärt diesen als „ursprüngliches Wesen aller Dinge", als Schöpfer der Welt und setzt am Ende dieses „Grundwesen" kurzerhand mit der „Natur" gleich. Aber Goethe wollte seinen Faust nicht mit bloßen Namen und Begriffen, sondern mit einer Gestalt konfrontieren, die den „Geist der Erde" (108) oder, wie er ihn später genannt hat, den „Welt und Thaten Genius"[16] als sicht- und vernehmbare Erscheinung verkörpert. Faust freilich kann dieses „schröckliche Gesicht" (130) nicht ertragen und muss erkennen, dass die ersehnte Natur für ihn unbegreiflich bleibt. Darum ist es jetzt auch nicht mehr Faust, der sich die Erscheinung erklärt (wie er zuvor noch den Makrokosmos hat beschreiben können); der Erdgeist selbst deutet sein Wesen als die lebendige, gebärend-zerstörende, das Ein und Alles umschließende Natur:

In Lebensfluthen im Thatensturm
Wall ich auf und ab
Webe hin und her
Geburt und Grab
Ein ewges Meer

Ein wechselnd Leben!
So schaff ich am sausenden Webstul der Zeit
Und würke der Gottheit lebendiges Kleid. (149–156)

Mit dem Webegleichnis zeichnet sich der Erdgeist in diesem Selbstporträt als die schöpferische Natur, der sich Faust mit seinem Erkenntnis- und Tatendrang verwandt und nahe fühlt, was jedoch vom Erdgeist schroff als Vermessenheit zurückgewiesen wird. Faust trifft es vernichtend, dass er als „Ebenbild der Gottheit" (164) nicht einmal diesem Geiste gleichen soll. Denn für ihn bedeutet die Vorstellung der Gottebenbildlichkeit des Menschen weniger eine biblische Aussage als vielmehr den daraus entwickelten pansophischen Gedanken, dass der Mensch als Mikrokosmos ein geistiges Spiegelbild des Makrokosmos und also ein gleichwertiges Analogon des Universums sei. Dies nun bestreitet der Erdgeist und erklärt damit die „unendliche Natur", die Faust zu „fassen" wünscht (102), für unerreichbar und unerforschlich.

Wie im vorigen Kapitel[17] schon dargelegt, hat Faust dann in der späteren Szene des Religionsgesprächs gegen Gretchens christlichen Glauben sein eigenes pantheistisches Bekenntnis gesetzt. In enthusiastischer Rhetorik verwandelt er dort den „Allumfasser" in die Seligkeit des eigenen Gefühls und hält dafür die austauschbaren Namen „Glück! Herz! Liebe! Gott!" bereit. Im Kontext der Szene will aber Faust mit solcher zweideutigen Rede doch nur die Geliebte beeindrucken und verführen, womit der Dichter hier den modernen Pantheismus als eine durchaus fragwürdige Haltung erscheinen lässt.

So hat Goethe in seinem Frühwerk mit pantheistischen Worten und Bildern nicht nur religiöse Bekenntnisse formuliert, sondern auch die Problematik dieses neuen Glaubens gestaltet, vielleicht, weil sich damals auch bei ihm selbst dieses Weltbild noch nicht fest etabliert hatte.

Es darf daher nicht allzu sehr überraschen, wenn aus der späten Frankfurter Zeit, wahrscheinlich aus dem Sommer 1775, ein dreistrophiges Gedicht Goethes überliefert ist („Dies wird die letzte Trähn' nicht seyn")[18], worin die Qual irdischer Liebe den Wunsch nach himmlischer Liebe weckt und die 2. und 3. Strophe sich direkt an Gott wenden:

O! laß doch immer hier und dort
Mich ewig Liebe fülen;
Und mögt' der Schmerz auch also fort
Durch Nerv' und Adern wülen.

Könnt' ich doch ausgefüllt einmal
Von dir, o Ew'ger werden –
Ach diese lange, tiefe Quaal
Wie dauert sie auf Erden! (5–12)

Max Kommerell hat es ein Gedicht genannt, „das in der menschlichen Liebeskraft ein Darben nach Gott entdeckt, einem für die Dauer des irdischen Lebens dem Herzen unerlangbaren Gott“[19]. Der von diesem Gedicht betonte Unterschied zwischen „hier“ und „dort“, zwischen Erde und Himmel, dazu die Form des Bittgebets an einen als *der* Ewige angesprochenen personalen Gott und nicht zuletzt die Unstillbarkeit der Sehnsucht nach Einswerden mit dem Angerufenen lassen erkennen, dass diesem Gedicht kein pantheistisches Denken zugrunde liegt. Nicht, wie noch soeben in *Ganymed* und im Makrokosmos-Bild, werden hier Himmel und Erde, Gott und Mensch identisch; vielmehr wendet sich das Ich dieses Gedichts im Flehen um Erfüllung seines Herzens an einen überweltlichen Gott, der ontologisch von ihm unterschieden bleibt.

Blickt man von hier zu den beiden Gedichten *Wandrers Nachtlied*, wird man gewahr, wie Goethe bald darauf schrittweise zur All-Natur zurückkehrt.[20] Das erste *Nachtlied* „Der du von dem Himmel bist“ (1776)[21] ist zwar noch einmal als Gebet gestaltet, doch statt Gott wird jetzt der „süße Friede“ (7) angerufen, der als leidstillende Gabe des Himmels die eigene Brust erquicken soll. Die Vertikale des Gebets und seiner möglichen Erfüllung von oben ist noch gewahrt, auch empfindsamer Ton und Wortschatz sind noch der pietistischen und also transzendent-religiöser Tradition verpflichtet. Doch wenn jetzt Gott gegen Frieden, der Schenkende gegen sein Geschenk getauscht wird, steht das Gedicht schon auf der Schwelle zur Immanenz. Vollends betritt diesen Raum das zweite *Nachtlied* „Über allen Gipfeln“ (1780)[22]. Der hier angesprochene (oder zu sich selbst sprechende) Mensch findet sich inmitten einer Natur, die in allen ihren Schichten mit einbrechender Nacht zur Ruhe kommt und ihm eben dadurch die Zuversicht schenkt, auch selbst

Ruhe zu finden. Was der Wandrer im ersten Nachtlied noch vom Himmel gewünscht hatte, verheißt ihm nun die Natur, in die er hier als in das Ganze des Daseins eingebettet und geborgen ist.

Trotzdem können auch noch im ersten Weimarer Jahrzehnt Dichtungen entstehen, in denen transzendente Gottheiten als poetische Vorstellung begegnen: Dazu gehören, wie wir in einem späteren Kapitel (über die antike Götterwelt in Goethes Dichtung)[23] sehen werden, die frühen gedankenlyrischen Gedichte *Gränzen der Menschheit* (1781) und *Das Göttliche* (1783), die den Wesensunterschied zwischen Göttern und Menschen, aber auch ihre Vergleichbarkeit im Sittlichen betonen, ja zwischen den Zeilen ein religiös-ethisches Bekenntnis des Dichters selbst hören lassen, oder auch das Schauspiel *Iphigenie auf Tauris* (1779ff.), wo den Olympiern sogar Eigenschaften des christlichen Gottesbildes zuerkannt werden.

*

Erst seit der Mitte der achtziger Jahre festigt sich Goethes pantheistisches Weltbild dank seiner gleichzeitigen neuen Interessen für Spinoza und für die Naturwissenschaften. Nachdem Goethe schon 1773 einen ersten Blick in Leben und Schriften des Baruch de Spinoza[24] getan, seine „Aufrichtigkeit" und „Menschenliebe" erkannt und ihn als „homo temperatissimus" gewürdigt hatte[25], entschließt er sich 1784 zu einem erneuten und genaueren Studium dieses Philosophen, der damals als Hauptvertreter des modernen Pantheismus galt und deshalb weithin als Atheist verschrien war. Im Winter 1784/85 liest Goethe mit Charlotte von Stein Spinozas *Ethik,* zuerst in deutscher Übersetzung, später auch im lateinischen Original. Dieses Buch schenkt ihm eine zuvor nicht gekannte Gemütsruhe und fasziniert ihn durch die Lehre vom „Amor Dei intellectualis", von der „Liebe Gottes und der Menschen"[26], die ein und dasselbe sei. Er macht sich Spinozas Formel „Deus sive Natura" zu eigen und spricht seitdem gelegentlich von der „Gott-Natur"[27] oder auch vom „All und Einen".

Kurz darauf bricht mit Friedrich Heinrich Jacobis Schrift *Über die Lehre des Spinoza in Briefen an den Herrn Moses Mendelssohn* (1785) der Pantheismus-Streit zwischen diesen beiden Philosophen aus und veranlasst Goethe zu eigener Stellungnahme: Er bekennt nun gegenüber

Jacobi ausdrücklich im Sinne Spinozas, dass er „ein göttliches Wesen" „nur in und aus den rebus singularibus", „in herbis et lapidibus" erkenne, was er in die Formel „das Daseyn ist Gott" zusammenfasst.[28] Dementsprechend setzt er im gleichzeitig verfassten Aufsatz *Studie nach Spinoza* „Dasein" mit „Vollkommenheit" gleich und folgert daraus, dass „jedes existirende Ding" „sein Dasein in sich" habe[29]. Auch Herder bekennt sich in diesem Streit zum Pantheismus, zuerst in einigen Briefen an Jacobi, dann 1787 in seinem Spinoza-Buch *Gott. Einige Gespräche.* Als Goethe dieses „Büchlein voll würdiger Gottesgedanken"[30] in Italien erhält, begrüßt er es als Bestätigung seiner eigenen Denkart. Indem Herder in diesen *Gesprächen* einen Gott „außerhalb der Welt" ablehnt und stattdessen eine Offenbarung „des ganzen Gottes" „im Wesen jedes Dinges" sieht und Gott als die „wesentliche Nothwendigkeit in Verknüpfung der Wahrheiten" definiert[31], fühlt sich Goethe ermuntert, „in natürlichen Dingen weiter vorzudringen, wo ich denn besonders in der Botanik auf ein ἓν καὶ πᾶν gekommen bin, das mich in Erstaunen setzt"[32]. Goethe bezieht sich mit dieser Formel des griechischen Eleaten Xenophanes (6. Jh. v. Chr.) auf das von Herder zitierte Pantheismus-Bekenntnis Lessings aus Jacobis Streitschrift und meint damit das auf der Idee der Urpflanze aufbauende Prinzip der Metamorphose als Ausdruck einer ewigen und notwendigen Naturgesetzlichkeit. Im gleichen Brief überträgt Goethe diese Vorstellung einer Naturgesetzlichkeit auf die „hohen Kunstwerke", weil sie „als die höchsten Naturwerke von Menschen nach wahren und natürlichen Gesetzen hervorgebracht worden" seien, und anknüpfend an Herders Wortwahl und Gedankengang fasst Goethe diese neue Erkenntnis in den Satz zusammen: „Alles Willkürliche, Eingebildete fällt zusammen, da ist die Nothwendigkeit, da ist Gott."[33] Von nun an ist für ihn die Gott-Natur das unpersönliche Weltgesetz[34], so dass er noch im Spinoza-Abschnitt zu Beginn des 16. Buches von *Dichtung und Wahrheit* (1813) sagen kann: „Die Natur wirkt nach ewigen, nothwendigen, dergestalt göttlichen Gesetzen, daß die Gottheit selbst daran nichts ändern könnte."[35]

Aus allem wird deutlich, dass das intensive Spinoza-Studium der achtziger Jahre Goethe den Weg geebnet hat, von der bisherigen enthusiastisch-poetischen Naturverehrung zu einem „tiefen, ruhigen Anschauen"[36] der Dinge, und das heißt im Sinne von Spinozas Scientia intuitiva: zur Erkenntnis des Wesens der Dinge (ad cognitionem essentiae rerum) zu gelangen.[37] Goethe kommt es jetzt darauf an, alle Einzelheiten im Zusammenhang eines Ganzen zu sehen, die besonderen Erscheinungen auf ein allgemeines Prinzip zurückzuführen, die Mannigfaltigkeit in eine Einheit zu binden. Aber nach wie vor bedeutet ihm diese Einheit der Natur kein starres Schema, kein unbewegtes Sein (wie noch für Spinoza), sondern das Pulsieren lebendiger Kräfte. Diese erschöpfen sich dabei nicht mehr wie zuvor in einem unbestimmten Weben, in einem ewigen Auf und Ab und Hin und Her, sondern schaffen ein nach Gesetzen geordnetes Stufenreich sich zum Höheren entwickelnder Gestalten, weil Goethe nunmehr das produktive Zusammenwirken von Polarität und Steigerung als den „zwei großen Triebrädern aller Natur“[38] erkannt hat. Goethes neues morphologisches Denken sieht im organischen Leben die ständige Verwandlung einer Urgestalt, die als ein geheimnisvolles Gesetz die Dauer im Wechsel verbürgt.

Gerade diese morphologische Idee des schöpferischen, gestaltend-umgestaltenden Lebens bekräftigt Goethes Vorstellung einer Identität von Gott und Natur, Gott und Dasein, und so bleibt diese Gleichsetzung auch in den kommenden Jahrzehnten das Glaubensbekenntnis des Naturforschers wie des Dichters Goethe. Schon die Elegie *Die Metamorphose der Pflanzen* (1798)[39] nennt das „geheime Gesetz“ (6) der Gestaltenähnlichkeit „ein heiliges Räthsel“ (7), und in einem Brief an Jacobi (23. November 1801) wünscht sich Goethe „unsere ursprüngliche Empfindung als seyen wir mit der Natur eins, […] in ein tiefes, ruhiges Anschauen verwandelt, in dessen immerwährender συγκρισις und διακρισις wir ein göttliches Leben fühlen“[40]. Auf dieses göttliche Leben in der Natur spielt Goethe später im Vortitel des Ersten Bandes *Zur Morphologie* (1817–1822)[41] an, wenn sich dort unter dem Titel „Bildung und Umbildung organischer Naturen“ das Motto findet:

Siehe er geht vor mir über
ehe ich's gewahr werde
und verwandelt sich
ehe ich's merke.
Hiob.

Die Eigenschaft, sich rasch und unmerklich zu verwandeln, spricht Hiob hier (9,11) dem Allmächtigen zu, und so will Goethe mit der

Wahl dieses Mottos[42] auf verschwiegene Weise andeuten, dass die analoge Fähigkeit organischer Naturen als göttliche Kraft zu gelten habe.

Am schönsten und klarsten hat Goethe sein pantheistisches Credo in dem bekannten, nach Plotin gebildeten Vierzeiler zum Ausdruck gebracht:

Wär' nicht das Auge sonnenhaft,
Die Sonne könnt' es nie erblicken;
Läg' nicht in uns des Gottes eigne Kraft,
Wie könnt' uns Göttliches entzücken?[43]

In Goethes Werk erscheint dieses Gedicht erstmals in der Einleitung zum „Didaktischen Teil" der *Farbenlehre* (1808)[44] als poetische Quintessenz der umliegenden Textpartien. Dort stellt Goethe das Auge als Geschöpf des Lichtes vor, das sich dieses Organ als „seines Gleichen" hervorruft, ja Goethe mutet uns zu, „beide zugleich als ein und dasselbe zu denken". Er beruft sich dabei auf die Lehre der ionischen (vorsokratischen) Schule, „nur von Gleichem werde Gleiches erkannt", und dem entspricht auch die Vorlage für die ersten beiden Zeilen von Goethes Gedicht aus Plotins *Enneades:* Οὐ γὰϱ ἂν πώποτε εἶδεν ὀφθαλμὸς ἥλιον ἡλιοειδὴς μὴ γεγενημένος[45]. Denn Plotins Prädikat für das Auge ἡλιοειδής bedeutet wörtlich ‚sonnengestaltig', bezeichnet also mehr die Gleichartigkeit von Sonne und Auge als nur ihre Ähnlichkeit. Auch Goethes Übertragung dieses Wortes mit „sonnenhaft" (1) weist eher auf ihre Identität, auf den Charakter des Auges als eines Mikrohelios, gleichwertig mit der Sonne. Daraus zieht ein Paralipomenon[46] zur *Farbenlehre* einen weitreichenden Schluss. Es zeichnet das Auge als ein Tor von der Außen- zur Innenwelt des Menschen, so dass sich im Auge „von außen die Welt, von innen der Mensch (spiegelt)" und so „die Totalität des Innern und Äußern […] durchs Auge vollendet (wird)". Die Existenz des Auges verbürgt Goethe die Untrennbarkeit von Innen und Außen, die Einheit des Naturganzen. Daraus aber folgt im Analogieschluss, dass „des Gottes eigne Kraft" (3) im Innern des Menschen mit dem „Göttlichen" (4) der All-Natur nicht nur korrespondiert, sondern sich zur Einheit verdichtet. Blickt man von hier zu dem weiteren Satz Plotins als der Vorlage für die zweite Hälfte von Goethes Gedicht: Γενέσθω δὴ πϱῶτον θεοειδὴς πᾶς καὶ καλὸς πᾶς, εἰ μέλλει θεάσασθαι θεόν τε καὶ καλόν[47], oder zu einer möglichen zweiten Vorlage, nämlich zu zwei Hexametern aus Marcus Manilius' Sterngedicht *Astronomica* (2, 115 f.), wie sie Goethe schon 1784 ins Brocken-Buch eingetragen hatte:

Quis coelum posset nisi coeli munere nosse
Et reperire Deum nisi qui pars ipse Deorum est.[48]

so wird deutlich, dass bei Plotin wie auch bei Manilius die Verbindung von Gott und Mensch an eine nicht von vornherein erfüllte Bedingung geknüpft ist, während bei Goethe ein in der Negation stehender Irrealis sich zur Realität der göttlichen All-Einheit bekennt.

*

Seit sich für Goethe die Einheit von Gott und Dasein erschlossen und ihm Spinozas Scientia intuitiva Mut gemacht hat, „mein ganzes Leben der Betrachtung der Dinge zu widmen"[49], wird ihm das tiefe, ruhige Anschauen aller ihm begegnenden Phänomene in Natur und Menschenwelt zur Grundhaltung seines Forschens und Dichtens, eine Haltung, die aller Schwärmerei abhold ist und jede subjektive Voreingenommenheit vermeiden will, vielmehr das Wesen der Dinge mit reinem Blick zu erfassen sucht und darin eine ethisch-religiöse Dimension gewinnt. Dem entspricht eine Wortwahl, die zuerst auf verschwiegene, dann aber immer hörbarere Weise die neue Natur- und Dingfrömmigkeit zum Ausdruck bringt.[50] Hatte Goethe um 1780 noch lebhaft-enthusiastisch ausrufen können: „Lassen Sie uns [...] mit einander dem mannichfaltigen Wahren treu bleiben und allein das Schöne und Erhabene verehren, das auf dessen Gipfel steht"[51], so artikuliert er in Italien seine Ehrfurcht vor der Wahrheit der Dinge in einem wesentlich ruhigeren Ton. Drei Äußerungen in Briefen an die Familie Herder aus den ersten römischen Wochen zeigen dabei eine deutliche Entwicklung, wie Goethes Sätze in diesem Gedankenkreis immer ruhiger werden und zugleich behutsam und allmählich religiösen Gehalt gewinnen. Zuerst (am 10. November 1786) begegnet das feierliche Bekenntnis: „Meine Übung alle Dinge wie sie sind zu sehen und zu lesen, meine Treue das Auge Licht sein zu lassen, meine völlige Entäußerung von aller Prätention, machen mich hier höchst im Stillen glücklich."[52] Kurze Zeit später (am 2. Dezember 1786) folgt der Satz: „Ich will so lang ich hier bin die Augen auftun, bescheiden sehen und erwarten was sich mir in der Seele bildet."[53] Schon die Syntax beider Zitate spiegelt die zunehmende Ruhe, der Nominalstil macht den Verben Platz, das Fremdwort wird durch „bescheiden" ersetzt, und nicht mehr nur das „Auge", auch die „Seele" wird jetzt genannt. Den vorläufigen Abschluss bildet dann der Satz vom 13. Januar 1787: „Nun rücke ich zu den Gemmen, und alle Wege bahnen sich vor mir, weil ich in der Demut wandle."[54] Dieser Kausalsatz ist eine kaum verhüllte Übernahme von Gen. 17,1 („Ich bin der allmächtige Gott; wandle vor mir und sei fromm"); aber auch ohne das Wissen darum ist der religiöse Ton dieser Briefstelle nicht zu verkennen.

Auch später umschreibt Goethe das Schauen und Ergründen der Dinge als Verehrung ihrer göttlichen Wahrheit mit verschwiegen sakralisierenden Wendungen, wenn er von „reinem Ernst"[55], von „ehrfurchtsvoller Aufmerksamkeit"[56] oder von „durchdringend redlicher Liebe"[57] spricht, bis er schließlich im gleichen Gedankenkreis, wenn auch nur selten, die direkt religiösen Vokabeln „andächtig" und „fromm" zu setzen wagt, wobei er jedoch deren ursprünglich profane Bedeutungen ‚aufmerksam' bzw. ‚treu-redlich, rein' mit anklingen lässt. So meint Goethe in einem späten Brief an Zelter (29. März 1827), es sollte „das Vortreffliche" in Manzonis *Adelchi* nicht kritisiert, „sondern genossen und andächtig im stillen bedacht werden"[58], und eine der „Betrachtungen im Sinne der Wanderer" (1829) fordert von der Physik, sie müsse „mit allen liebenden, verehrenden, frommen Kräften in die Natur und das heilige Leben derselben einzudringen suchen"[59]. Gelegentlich hat Goethe mit der religiösen Vokabel „fromm" auch die Art seines gegenständlichen Dichtens bezeichnet. Als er einmal im Kreis der Fürstin Gallitzin wegen seiner genauen Schilderung römischer Kirchenfeste für katholisch gehalten, ja von Warnbriefen an die Fürstin der religiösen Heuchelei verdächtigt wird, rechtfertigt er sich: „ Geben Sie mir zu, verehrte Freundin, rief ich aus, ich stelle mich nicht fromm, ich bin es am rechten Orte, mir fällt nicht schwer mit einem klaren unschuldigen Blick alle Zustände zu beachten, und sie wieder auch eben so rein darzustellen."[60] Goethe verwandelt hier das „fromm" einer pejorativen Redewendung durch die erläuternden Attribute „klar, unschuldig, rein" in ein positives Prädikat für die eigene offene Art der Aufnahme und Wiedergabe der Welt und führt es zugleich aus dem transzendenten in den immanent-religiösen Bereich, weil dieser für die eigene Frömmigkeit der allein „rechte Ort" ist. Nicht das Was, sondern das Wie seiner Schilderung offenbart die Religiosität dieses Erzählers. Schlüsselwort dafür ist das Verbum „beachten", das den Doppelsinn ‚achten und betrachten', ‚ehrfurchtsvoll und aufmerksam schauen' trägt und dem die Wendung „eben so rein darstellen" als notwendiges Korrelat folgt.

*

Im Alter hat Goethe eine Reihe naturphilosophischer Gedichte der mittleren und späten Zeit auf Anregung Riemers unter der Rubrik „Gott und Welt" für die Ausgabe letzter Hand (Bd. 3, 1827) gesammelt. Die meisten dieser Gedichte hatte er zuvor in verschiedenen Heften seiner Zeitschriften *Zur Morphologie* (1817, 1820) und *Zur Naturwissenschaft überhaupt* (1817, 1822–1823) als poetische Spiegel seinen wissenschaftlichen Aufsätzen vorgeschaltet oder in sie eingebaut und stellte sie nun mit einigen weiteren themenverwandten Gedichten zu einem Zyklus zusammen, worin „manches [...] einander freundlich antwortet"[61]. Im ersten Drittel herrscht die religiöse Thematik vor, das zweite Drittel behandelt die Naturgesetzlichkeit im Pflanzen- und Tierreich und die Daseinsmächte menschlichen Lebens (*Urworte. Orphisch*), das letzte Drittel Probleme der Wolken- und der Farbenlehre, bevor es mit einem „dramatisch lyrischen Scherz", worin verschiedene Philosophen „zudringliche metaphysische Fragen" des Volkes „auf heitere Weise [...] ablehnen"[62], das Ganze schließt.

Für unseren Zusammenhang sind einige Gedichte des ersten Drittels von besonderer Bedeutung. Aufschlussreich ist vor allem der *Proœmion*[63] betitelte dreigliedrige Vorspruch, der wesentliche Themen von Goethes Altersreligiosität behandelt. Der erste Teil, ein zweistrophiges Gedicht (1816), beginnt mit überraschend feierlicher Rede:

Im Namen dessen der Sich selbst erschuf!
Von Ewigkeit in schaffendem Beruf;
In Seinem Namen der den Glauben schafft,
Vertrauen, Liebe, Thätigkeit und Kraft;

In Jenes Namen, der, so oft genannt,
Dem Wesen nach blieb immer unbekannt: (1–6)

Wenn der Dichter hier „im Namen", d. h. im Auftrag Gottes spricht, so übt er das dem Dichterberuf seit alters verwandte Amt eines Propheten, der anderen eine von Gott autorisierte Botschaft zu verkünden hat. Darüber hinaus hat diese einleitende Strophe den Sinn, den Beauftragenden in immer neuen Umschreibungen als den Schaffenden schlechthin zu rühmen, der nicht nur aus sich selbst existiert, sondern auch alle menschlichen Beziehungen zu ihm ins Leben ruft. Die scheinbar resignierende Auskunft am Ende der Strophe, dass dieser Gott trotz aller Namen dem Menschen fremd und unbekannt geblieben ist, wird nur gegeben, um in der zweiten als der eigentlich verkündenden Strophe ins Positive gewendet zu werden:

So weit das Ohr, so weit das Auge reicht
Du findest nur Bekanntes das Ihm gleicht,
Und deines Geistes höchster Feuerflug
Hat schon am Gleichniß, hat am Bild genug;
Es zieht dich an, es reißt dich heiter fort,
Und wo du wandelst schmückt sich Weg und Ort;
Du zählst nicht mehr, berechnest keine Zeit,
Und jeder Schritt ist Unermeßlichkeit. (7–14)

In dieser Strophe begegnet wohl am frühesten der Goethe'sche Grundgedanke seines Alters, dass die sicht- und greifbaren Dinge unserer Welt als Bilder und Gleichnisse für den unsichtbaren und unbegreiflichen Gott zu verstehen sind, so dass der Unbekannte am Beispiel der „Ihm gleichenden" bekannten Dinge wenn nicht erkennbar, so doch erahnbar wird. Dabei wird betont, dass des „Geistes höchster Feuerflug", d. h. das menschliche Streben nach Erkenntnis des göttlichen Bereichs „schon am Gleichniß […] genug" habe, dass also schon der Glaube an die natürliche Offenbarung Gottes sogar den äußersten Erkenntnisdrang des Menschen stillen könne, weil jeder Blick und jeder Schritt in die als Gleichnis verstandene Natur besser als ihre mathematische Zergliederung die kosmische Weite der Welt erkennen lassen.

Es hat sogar den Anschein, als setze dieses Gedicht Gott und Welt nicht mehr identisch. Denn es apostrophiert den, „der Sich selbst erschuf", als Person im Maskulinum Singular und gebraucht die Begriffe „Bild" und „Gleichnis", die sowohl die Verbundenheit als auch den Unterschied von Gott und Welt bezeichnen. Doch ist es bei *Proœmion* als einem naturphilosophischen Gedicht nicht ausgeschlossen, dass der dort vorgestellte personale Gott selber nur ein Bild für die pantheistisch gedachte Gott-Natur darstellt, zumal Goethe wenige Jahre später im Aufsatz „Bildungstrieb" (1820) von der systemerhaltenden und immer neue Gestalten entwickelnden Natur gesagt hat: „Dieses Ungeheure personificirt, tritt uns als ein Gott entgegen, als Schöpfer und Erhalter, welchen anzubeten, zu verehren und zu preisen wir auf alle Weise aufgefordert sind."[64] Es muss also offen bleiben, ob sich Goethe in diesem Gedicht wieder metaphysischen Vorstellungen nähert oder nach wie vor die pantheistische Anschauung der Welt vertritt.

Letztere Auffassung jedenfalls erscheint wieder eindeutig im zweiten Teil des *Proœmion.* Wir haben das 1812 entstandene Gedicht schon im Zusammenhang von Goethes Auseinandersetzung mit Friedrich Heinrich Jacobis Schrift *Von den Göttlichen Dingen und ihrer Offenbarung* (1811) als Antwort auf dessen Bekenntnis zum transzendenten Gott kennengelernt[65]:

Was wär' ein Gott, der nur von außen stieße,
Im Kreis das All am Finger laufen ließe!
Ihm ziemt's, die Welt im Innern zu bewegen,
Natur in Sich, Sich in Natur zu hegen,
So daß was in Ihm lebt und webt und ist,
Nie Seine Kraft, nie Seinen Geist vermißt. (15–20)

Dieses dynamische Gottesbild erinnert weniger an Spinoza als an Giordano Bruno. Hermann Brunnhofer hat denn auch schon 1886 nachgewiesen[66], dass dieses Gedicht zeilengenau zwei Sätze von Brunos Prosakommentar zu seinem Gedicht *De Immenso et Innumerabilibus* paraphrasiert, und Ernst Beutler hat 1935 sogar Goethes eigenhändige Abschrift dieser Sätze Brunos mitteilen können[67]:

Non est Deus vel intelligentia exterior, circumrotans et circumducens; dignius enim illi debet esse internum principium motus, quod est natura propria, species propria, anima propria, quam habeant tot quot in illius gremio et corpore vivunt[68]
Jord. Brunus. de Immen et Innum. C. XII. Ad not.
C[arls] B[ad] 12 Aug 1812.

Der ruhige, dozierende Ton, in dem Bruno den hier entscheidenden Gegensatz von „exterior“ und „internum“ vorträgt, erscheint in Goethes Gedicht verwandelt in das heftige Engagement eines Bekenntnisses, das zuerst die fremde Ansicht mit dem Ausruf eines sarkastischen Bildes abwehrt, um daraufhin den eigenen Glauben an das Ineins von Gott und Natur in leidenschaftlicher Rede (mit Chiasmus, Polysyndeton und Anapher auf engstem Raum) zu formulieren. Wie dem vorangegangenen ist auch diesem Gedicht ein feierlicher Ton eigen; doch die dortige Ruhe ist hier einem drängenden Rhythmus gewichen, die Auseinandersetzung mit Jacobi hat in Goethe ein kämpferisches Credo geweckt.

Der dritte und letzte Teil des *Proœmion* (wohl auch 1812 entstanden) kehrt wieder zu einem ruhigeren Ton zurück:

Im Innern ist ein Universum auch;
Daher der Völker löblicher Gebrauch,
Daß jeglicher das Beste was er kennt,
Er Gott, ja seinen Gott benennt,
Ihm Himmel und Erden übergibt,
Ihn fürchtet, und wo möglich liebt. (21–26)

Mit dem „auch“ der ersten Zeile knüpft dieses Gedicht an das vorangegangene an: Dem Universum der Natur entspricht ein zweites im Innern des Menschen. Dieses Innere umfaßt alle Lebenskräfte des Denkens und Fühlens, Wollens und Erkennens und bildet analog zum Ganzen der äußeren Natur eine vielgestaltige Einheit, was erneut an die alte Vorstellung einer Ebenbildlichkeit von Welt und Mensch, von Makro- und Mikrokosmos erinnert. Aus solcher Analogie folgert das Gedicht mit Blick auf die Religionsgeschichte, dass jedes Volk, ja jeder Einzelne mit seinen Gemütskräften eine Wertewelt entdeckt und das aus seiner individuellen Perspektive „Beste“ davon als „seinen Gott“ gewinnt, den er sogar zum Herrn der Welt personifiziert und in Furcht und Liebe verehrt. Dieser aus dem menschlichen Herzen geborene Gott erhält damit die gleichen Eigenschaften wie der Schöpfer und Erhalter des äußeren Universums und ist als Verkörperung der sittlichen Weltordnung nur die andere Seite des gleichen Wesens. Solche Einheit von äußerer und innerer Gegenwart Gottes hat Goethe um die gleiche Zeit (1809) aus einem wohl noch nicht pantheistisch gemeinten Wunsch Johannes Keplers herausgelesen:

> *Kepler sagte: „Mein höchster Wunsch ist, den Gott, den ich im Äußern überall finde, auch innerlich, innerhalb meiner gleichermaßen gewahr zu werden." Der edle Mann fühlte, sich nicht bewußt, daß eben in dem Augenblicke das Göttliche in ihm mit dem Göttlichen des Universums in genauster Verbindung stand.*[69]

An dieser Stelle sei wenigstens ein kurzer Blick auf jene Gestalt gerichtet, die in der Spätfassung von *Wilhelm Meisters Wanderjahren* (1829) die höchste Möglichkeit des Menschen verkörpert, auf Makarie. Denn vorzüglich mit ihr hat Goethe die genaueste Verbindung des Göttlichen im Menschen mit dem Göttlichen des Universums gestaltet. Sie erscheint zunächst als „würdige Tante" und „Schutzgeist der Familie"[70], begütigend und aufmunternd, klärend und vermittelnd, hilfreich in Wort und Tat, und wirkt damit auf ihre ratsuchende Umgebung wie ein „höheres Wesen", ja wie eine „Heilige"[71], „als wenn die Stimme einer [...] Ursibylle rein göttliche Worte über die menschlichen Dinge ganz einfach ausspräche"[72]. Gesteigert wird dieser Eindruck später durch die Mitteilung eines Archivprotokolls, das davon spricht, dass Makarie unser Sonnensystem nicht nur schaue, sondern geistig ein Teil von ihm sei, auf spiraliger Planetenbahn um die Sonne kreise und zentrifugal nach den äußeren Regionen strebe. Zugleich aber betont diese „ätherische Dichtung"[73] des Protokolls, dass zwar von früh an „ihr Herz, ihr Geist ganz von überirdischen Gesichten erfüllt war, doch ihr Thun und Handeln immerfort dem edelsten Sittlichen gemäß blieb"[74]. Damit hat Goethe in Makarie die höchste Geistigkeit des Menschen nicht vom irdischen Tun gelöst, sondern im Gegenteil aufs engste mit der sittlichen Weltordnung verbunden und so mit dem Makarie-Mythos noch ganz zuletzt und auf unüberbietbar sinnfällige Weise die göttliche Einheit von äußerem und innerem Universum, von kosmischer und ethischer Welt gezeichnet.

*

Die weiteren Gedichte des Zyklus „Gott und Welt" runden den Kreis religiöser Themen ab, die teils im Vorspruch angeklungen, teils schon in früheren Dichtungen Goethes begegnet sind: So die Analogie von Makro- und Mikrokosmos, wenn in *Wiederfinden* die Weltschöpfung und die Liebe zweier Menschen einander spiegeln und erklären; so „das ewig Eine" in der Vielfalt der Erscheinungen, das Beharren der Urgestalt bei aller Metamorphose in *Dauer im Wechsel,* in *Parabase* und in den Metamorphose-Gedichten; so die Identität von Innen und Außen in den Zwischenrufen *Epirrhema* und *Allerdings.*

Gemeinsam ist ihnen allen Goethes dynamisches Weltbild, das besonders eindrucksvoll im Gedicht *Eins und Alles* (1821)[75] gezeichnet ist. Der Titel zitiert die pantheistische Formel ἓν καὶ πᾶν, die das Weltganze als die eine und einzige Substanz versteht und diese mit Gott gleichsetzt. Das Gedicht selbst aber spricht nicht von dieser Identität, sondern legt eine andere Bedeutung seines Titels nahe, nämlich die Beziehung des Individuums zum All. Schon die Eingangsstrophe spricht von dem Wunsch des „Einzelnen" (2), „im Grenzenlosen sich zu finden" (1), und die übrigen drei Strophen verdichten in mehreren Stufen die Verbindung von Mensch und Welt. In einem ersten Schritt entzieht sich das Ich allem „Wollen" und „Sollen" (4 und 5) des bisherigen Lebens, um mit solcher Selbstaufgabe (6) – im Sinne des vom *Divan*-Gedicht *Selige Sehnsucht* geforderten „Stirb und werde!"[76] – eine Wiedergeburt zu höherem Leben zu gewinnen. Die Erfüllung des gebetartigen Anrufs zu Beginn der 2. Strophe: „Weltseele komm uns zu durchdringen!" (7), der an das von Goethe kurz zuvor (1820) übersetzte[77] *Veni Creator Spiritus* erinnert und wie dieser Hymnus als ein „Appell an das allgemeine Weltgenie"[78] gelten kann, ermuntert das Ich, „mit dem Weltgeist selbst zu ringen" (8), d. h., in Wettstreit mit ihm zu treten, um die Wette mit ihm zu wirken. Solcher Wunsch nach genauer Verbindung führt den Einzelnen „zu dem, der alles schafft und schuf" (12) – eine nur kurze Hypostase des Weltgeists, der bald darauf wieder unpersönlich als „ewiges lebendiges Thun" (15) erscheint. Da nunmehr das Miteinander von Individuum und Weltgeist so eng verschränkt ist, sprechen die beiden letzten Strophen nur noch vom Wirken eines unbestimmten „Es", das ununterscheidbar das „ewige lebendige Thun" und das von ihm „Geschaffne" (13) meint. Wesentlich ist dabei, ständig „umzuschaffen das Geschaffne, / Damit sich's nicht zum Starren waffne" (13–14), und in der letzten Strophe wird die hier geforderte rastlose Veränderung im Stakkato-Rhythmus einer Kette von Tätigkeitswörtern vernehmbar, die allesamt dem morphologischen Prinzip der Metamorphose huldigen:

Es soll sich regen, schaffend handeln,
Erst sich gestalten, dann verwandeln;
Nur scheinbar steht's Momente still.
Das Ewige regt sich fort in allen:
Denn alles muß in Nichts zerfallen,
Wenn es im Sein beharren will. (19–24)

Es fällt auf, dass hier die ständige Verwandlung des Gestaltens-Umgestaltens als ewige Lebendigkeit gesehen, die Dauer im Formenwechsel betont, die Phase des Welkens und Sterbens dagegen übergangen wird.[79] Dies geschieht wohl deshalb, um am Ende die Nichtbewegung des „Beharrens" als die einzige Gefahr des Lebens und als den einzigen Grund seines „Zerfallens" beschwören zu können. Dass diese Gefahr nicht wirklich gegeben ist, die beiden Schlusszeilen vielmehr als Irrealis im Sinne von ‚müsste zerfallen, wenn beharren wollte' zu verstehen ist, hat dann der nur scheinbare Widerruf zu Beginn des späteren Gedichts *Vermächtniß* (1829)[80] bestätigt:

Kein Wesen kann zu Nichts zerfallen!
Das Ew'ge regt sich fort in allen,
Am Sein erhalte dich beglückt! (1–3)

Die wesentliche Übereinstimmung beider Gedichte liegt in der unverändert übernommenen Zeile „Das Ew'ge regt sich fort in allen" als der Quintessenz von Goethes Naturreligiosität. Diese schließt hier auch Goethes Vorstellung von Tod und Unsterblichkeit ein. Denn, wie wir aus anderen Zeugnissen[81] wissen, ist für Goethe der Tod nur ein Übergang der entelechischen Monade zu neuem Leben, nur ein weiteres Beispiel für die Metamorphose organischer Wesen, und insofern kann auch das Gedicht *Eins und Alles* als ein Bild für die Unsterblichkeit alles Geschaffenen in und mit dem ewigen Sein verstanden werden. Bis in den Wortlaut hinein gibt es Parallelen zu diesem Gedicht in Goethes Brief an Zelter vom 19. März 1827, worin er sich zum Fortleben nach dem Tode äußert: „Wirken wir fort bis wir [...] vom Weltgeist berufen in den Äther zurückkehren! Möge dann der ewig Lebendige uns neue Thätigkeiten [...] nicht versagen! [...] so würden wir gewiß nur desto rascher in die Kämme des Weltgetriebes eingreifen."[82] Es ist deshalb nicht abwegig, wenn Erich Trunz gerade dieses Thema in den Mittelpunkt seiner Gedichtinterpretation stellt[83], und er hätte sich dabei auf Max Kommerell berufen können, der bei der Behandlung des gleichen Gedichts prägnant formuliert: „Der Tod ist Mittel zum Leben und die Rückkehr ins All die einzige Unsterblichkeit."[84]

Der Polarität von Tod und Unsterblichkeit widmet sich auch das 1826 entstandene naturphilosophische Gedicht *Im ernsten Beinhaus war's*[85]. Im Gegensatz zu *Eins und Alles* weicht der Dichter hier der Tatsache von Tod und Verwesung nicht mehr aus, sucht vielmehr eigens ein Beinhaus auf, um angesichts der dort aufgehäuften Schädel und Knochen zunächst ganz dem barocken Vanitas-Gedanken nachzuhängen. Aber dies ist nur Folie und Ausgangspunkt. In der Mitte des Gedichts (mit Vers 15) geschieht die entscheidende Wende, die zugleich eine geistesgeschichtliche Zäsur markiert. Denn der Dichter bezeichnet sich als einen „Adepten" (15), als einen in die morphologisch-osteologische Naturkunde Eingeweihten, der befähigt ist, die geheime „Schrift" der Natur (15) zu lesen und so aus der Menge der Schädel „unschätzbar herrlich ein Gebild" (18) zu entdecken, und sich dabei erquickt, „als ob ein Lebensquell dem Tod entspränge" (21). Dazu passt die Geste, diesen „höchsten Schatz" (28) aus dem Moder zu nehmen und sich mit ihm in die freie Luft zum Sonnenlicht zu wenden (29–30). Zeugnis und Garant für das Leben dieser „gesteigerten Gestalt" (25) ist dem wissenden Betrachter „die gottgedachte Spur", die sich darin „erhalten" habe (23). Was ist damit gemeint? Eine wohl gleichzeitige Reflexion Goethes findet es „höchst merkwürdig", „daß von dem menschlichen Wesen das Entgegengesetzte übrig bleibt: Gehäus' und Gerüst, worin und womit sich der Geist hienieden genügte, sodann aber die idealen Wirkungen, die in

Wort und That von ihm ausgingen."[86] Während hier Materie und Geist als zwei „entgegengesetzte" Substanzen streng auseinandergehalten werden, hat Goethe wenig später (1828) ihre enge Polarität betont, wonach „die Materie nie ohne Geist, der Geist nie ohne Materie existiert und wirksam sein kann"[87]. Wenn daher das Gedicht die Spur solcher Gestaltungsmacht des Geistes in der Materie als „gottgedacht" erkennt, wird der menschliche Geist als eine göttliche Kraft gesehen, die sich in ihrem irdischen Gehäuse ein ewiges Denkmal schafft. Solche Überzeugung mündet denn auch in die abschließende Sentenz des Gedichts:

Was kann der Mensch im Leben mehr gewinnen,
Als daß sich Gott-Natur ihm offenbare?
Wie sie das Feste läßt zu Geist verrinnen,
Wie sie das Geisterzeugte fest bewahre. (31–34)

Es ist dies einer der wenigen Belege im Werk Goethes für die knappe Formel „Gott-Natur", die er sonst gern in den pulsierenden Chiasmus „Gott in Natur, Natur in Gott" entfaltet. Im gleichen Sinne betonen die beiden Schlusszeilen das polare Ineinander von Geist und Materie, wenn sich hier das Verrinnen des Festen zu Geist und das Bewahren des Geistes im Festen chiastisch verschränken, Tod und Unsterblichkeit einander bedingen. Dies preist das Gedicht als das Wirken der Gott-Natur, die das menschliche Schicksal an der Polarität ihres eigenen ewigen Lebens teilhaben lässt.

*

Zum Abschluss unserer Überlegungen zu Goethes Religiosität sollen zwei Strophen aus zwei verschiedenen Gedichten der Spätzeit näher betrachtet werden. Sie können dartun, dass Goethe auch im Alter gelegentlich die generelle pantheistische Sicht verlassen und sich einer wie auch immer gearteten metaphysischen Perspektive geöffnet hat.

Das erste Beispiel ist die fünfte und letzte Stanze der *Urworte. Orphisch* (1817)[88], die Goethe mit „ΕΛΠΙΣ, Hoffnung" überschrieben hat. Im Zusammenhang eines Streits zweier Philologen über orphische Dichtungen der Griechen[89] hatte Goethe 1817 in der Abhandlung des Archäologen Georg Zoega über „Tyche und Nemesis"[90] ein Zitat aus den *Saturnalia* I, 19 des Macrobius (um 400 n. Chr.) gefunden, der davon spricht, dass nach dem Glauben der alten Ägypter die Götter Daimon, Tyche, Eros und Ananke der Geburt des Menschen beistehen, und hatte auch Zoegas Kommentar über die Ananke gelesen, dass ihr außer der Hoffnung und der Victoria alles weiche, über alle diese Mächte aber Nemesis herrsche, die Gesetzgeberin der Himmlischen. Aus dieser vielgliedrigen Hierarchie wählt Goethe die Hoffnung aus, die aber bei Zoega als einzige Kraft keine Gottheit darstellt, sondern nur als heutige Kurzformel für den etwas umständlichen Begriff „unbezähmtes Erkühnen des menschlichen Geistes" steht. Erst Goethe gibt ihr den griechischen Namen Elpis, fügt sie damit den vier von Macrobius genannten Göttern hinzu und erhebt sie in deren Rang. Zugleich bezeichnet er die Götternamen als orphische Urworte in Analogie zu den ἱεροὶ λόγοι aus der altgriechischen Überlieferung der Orphik (6. Jh. v. Chr.)[91], einer Geheimlehre über die Entstehung der Götter, der Welt und des Menschen, über dessen Schicksal im Leben und nach dem Tod. Goethe übernimmt diese letzteren Themen der Orphik, deutet aber die Urworte aus entschieden moderner Sicht als Mächte menschlichen Geschicks in der Reihenfolge verschiedener Lebensstufen. Dabei entspricht es völlig Goethe'scher Lebensdeutung, wenn er sein Gedicht nicht wie die Alten mit der trostlosen Enge der Ananke schließt, sondern die daraus befreiende Elpis ans Ende setzt:

ΕΛΠΙΣ, Hoffnung.

Doch solcher Gränze, solcher ehrnen Mauer
Höchst widerwärt'ge Pforte wird entriegelt,
Sie stehe nur mit alter Felsendauer!
Ein Wesen regt sich leicht und ungezügelt:
Aus Wolkendecke, Nebel, Regenschauer
Erhebt sie uns, mit ihr, durch sie beflügelt,
Ihr kennt sie wohl, sie schwärmt durch alle Zonen;
Ein Flügelschlag – und hinter uns Äonen! (33–40)

In den ersten drei Zeilen wird mit den Bildern der Mauer und der Entriegelung ihrer Pforte die Überwindung der Ananke durch die Elpis verkündet. Nun ist aber zu beachten, dass schon zu Beginn der Urworte in der Stanze über den Daimon von Gesetz und Bestimmung, vom Muss des Charakters die Rede ist und dass die Ananke nur wieder zum Willen der Sterne, zu „Bedingung und Gesetz" (26), zur Enge des Anfangs (32) zurückkehrt und so die vier Lebensstufen mit ihrem Wechsel von Freiheit und Notwendigkeit sich in einer Kreisbahn zusammenschließen. Darum siegt die Elpis nicht nur über die Ananke, sondern über alle Gesetze und Bedingungen des Lebens insgesamt. Wenn sie daher in den weiteren Zeilen ihrer Stanze als ein geflügeltes Wesen „leicht und ungezügelt" (36) erscheint, das auch uns selbst Flügel verleiht und uns damit über alles Trübe und Enge der Welt erhebt, kann man sie als Trösterin verstehen, die dem Menschen die seelische Kraft schenkt, wenigstens innerlich die nach wie vor existierende Mühsal des Lebens wenn auch nicht zu überwinden, so doch zu bestehen. So hatte Goethe ja schon im Festspiel *Pandora* (1808)[92] die Hoffnung in der Gestalt der Elpore als freundlich schmeichelndes Mädchen vorgestellt, die jedem die Erfüllung seiner Wünsche verspricht, doch sich nicht fassen lässt und bald wieder Abschied nimmt. Aber Hoffnung als letztes der *Urworte. Orphisch* meint mehr als nur ein angenehm täuschendes Wahnbild, das die irdische Not gefällig mildert, ohne sie aufzuheben. Vielmehr überwindet Elpis in den beiden Schlusszeilen ihrer Stanze alle irdischen Grenzen, ja verlässt mit einem einzigen Flügelschlag alle Zeit- und Geschichtsräume. Flügelschlag und Gedankenstrich der letzten Zeile bedeuten also keine Fortsetzung des irdischen Kreislaufs, sondern einen qualitativen Sprung über ihn hinaus, meinen am Ende dieses poetischen Curriculums den Tod als Übergang zu höherem Leben.[93] Man mag sich dabei an Goethes anderes Festspiel *Des Epimenides Erwachen* (1814)[94] erinnern, wo die allegorische Gestalt der Hoffnung von sich selber sagt:

> *Das Leben selbst ist nur durch mich lebendig,*
> *Ja über's Grab kann ich's hinüber ziehn,* (622–623)

und nicht zuletzt ermutigt zu solcher metaphysischen Deutung Goethe selbst, wenn er am Schluss seiner Erläuterung der *Urworte. Orphisch* (1820) überzeugt ist, dass sich zur letzten Stanze jeder „gern den Commentar sittlich und religios zu bilden übernehmen wird"[95].

Das zweite Beispiel ist jene berühmte Umschreibung des Frommseins in der 14. Strophe der Marienbader *Elegie* (1823)[96]:

In unsers Busens Reine wogt ein Streben,
Sich einem Höhern, Reinern, Unbekannten
Aus Dankbarkeit freiwillig hinzugeben,
Enträthselnd sich den ewig Ungenannten;
Wir heißen's: fromm sein! – Solcher seligen Höhe
Fühl' ich mich theilhaft, wenn ich vor ihr stehe. (79–84)

Die älteste eigenhändige Handschrift korrigiert ihre ursprüngliche Lesart „In jedes Busens Reine" zu „In unsers Busens Reine" und schließt damit in die allgemein menschliche Herzensregung auch das Ich des Dichters ein. Zugleich wird „wohnt" durch „wogt" ersetzt, was dem „Streben" des Herzens eine immerfort bewegliche Lebendigkeit verleiht. Das Objekt dieses Strebens wird mit verschiedenen Attributen angedeutet, die in ihrer sich steigernden Folge an die ehrfurchtsvollen Anrufe einer Litanei erinnern und immer deutlicher ihren Träger als ein Numinosum erahnen lassen. Doch die Gesinnung der Dankbarkeit und die daraus geborene freiwillige Hingabe an ein Höheres lassen dieses nicht ein neutrales Numen bleiben, auch keine Gott-Natur oder ewige Substanz, sondern drängen weiter zur Vorstellung eines personalen Gottes, was zuletzt auch sprachlich im Maskulinum Singular „den ewig Ungenannten" (82) zum Ausdruck kommt[97]; es ist der von keinem Namen und keinem Begriff jemals erfassbare Gott, dessen Geheimnis der Mensch nur in der Hingabe an ihn ergründen kann.[98] Die personale Beziehung geht auch daraus hervor, dass Gott hier in Komparativen („einem Höhern, Reinern": 80), nicht in Superlativen vorgestellt wird. Damit ist er als der „Nicht-Ganz-Andere"[99] bezeichnet, als ein Pol der Begegnung, die den Vergleich gestattet: Die Wahl des gleichen Wortes verbindet eher, ja deutet „unsern Busen" als Ebenbild von Gottes Herz. Dass Goethe damit freilich kein biblisch-christliches Gottesverständnis meint, verdeutlicht das Zitat unserer Strophe in seiner Rezension von Johann Christian Heinroths *Lehrbuch der Anthropologie* (Leipzig 1822). Heinroth hatte darin (Kap. II, 3: „Beziehung der Menschheit auf ein Höchstes") über sein Fach hinausschreitend die göttliche Offenbarung „als Bedingung zur Entwickelung des religiösen Keimes im Menschen"

(§ 177) aufgestellt. Goethe verweist ihm diese Grenzüberschreitung, erlaubt dem Anthropologen wohl, „sein Menschenkind bis in die Vorhöfe der Religion“ zu führen, „aber nicht weiter als bis dahin, wo ihm der Dichter begegnet und sich andächtig vernehmen läßt“,[100] und nun folgt unsere Strophe bis zum Gedankenstrich. Mit diesem Zitat hat Goethe der christlichen Religionsauffassung seine offenbarungsunabhängige, ja umgekehrt Gott in eigener Initiative enträtselnde Frömmigkeit entgegengesetzt.

Zuletzt ist zu bedenken, dass die hier betrachteten Verse keine isolierte Altersreflexion darstellen, auch wenn Goethe sie in der Heinroth-Rezension als solche hat gelten lassen. Vielmehr gehören sie in den genauen Zusammenhang der *Elegie.* Dort besitzen sie die Funktion eines Gleichnisses für die Zentralgestalt des Gedichts, die schon von Beginn an in immer neuen Variationen als himmlische Erscheinung gezeichnet worden ist. Jetzt, in der 14. Strophe, erfährt sie die letzte und stärkste Apotheose, wenn der Dichter bekennt, dass ihre Gegenwart ihn die gleiche „selige Höhe“ (83) erleben lässt wie die dankbare Hingabe an Gott. Goethe hebt hier die Liebe in den Rang einer religiösen Erfahrung, setzt Gott und die Geliebte als Adressaten seiner Verehrung gleich, und bekräftigt damit noch einmal, dass er hier auch Gott als Person denkt, da nur so die gleiche „selige Höhe“ beider Erlebnisse möglich erscheint.

*

Beim Versuch, Antwort auf die Frage nach Goethes Religiosität zu finden, haben wir, analog zum vorigen Kapitel, vielfach seine Äußerungen in Briefen, Tagebüchern und autobiographischen Schriften herangezogen, vor allem aber wieder Poesien, und hier meistens Gedichte, aus den verschiedenen Lebensepochen daraufhin untersucht, wieweit sie auch als fiktionale Gebilde Rückschlüsse auf Variationen und Wandlungen von Goethes religiösem Weltbild erlauben. Namentlich seine späte Gedankenlyrik trägt ja keine Scheu, Lebensmaximen zu formulieren und kaum verhüllte Bekenntnisse, auch religiöser Art, auszusprechen. Goethe hat dies selbst einmal begründet, als er bei der Übersendung des soeben entstandenen Gedichts *Eins und Alles* am 28. Oktober 1821 an Riemer schrieb: „Ich werde selbst fast des Glaubens, daß es der Dichtkunst vielleicht allein gelingen könne, solche Geheimnisse gewissermaßen auszudrücken, die in Prosa gewöhnlich absurd erscheinen, weil sie sich nur in Widersprüchen ausdrücken lassen, welche dem Menschenverstand nicht einwollen."[101] Goethe hat damit der Dichtung gerade im Zusammenhang religiöser Aussagen einen höheren Grad von Verbindlichkeit attestiert als seinen entsprechenden Äußerungen in Briefen und Gesprächen, und so mag es gerechtfertigt sein, dass auch dieses Kapitel vor allem Dichtungen in die Untersuchung einbezogen hat.

Die Bibel als Quelle für Goethes Sprache und Dichtung

Der ich unsrer heil'gen Bücher
Herrlich Bild an mich genommen
Divan, Buch Hafis

Im Laufe des 18. Jahrhunderts setzt sich die Auffassung durch, dass die Poesie der Bibel nicht mehr am Regelkanon der traditionellen, also antiken Poetik und Rhetorik zu messen sei, wie das in der christlichen Apologetik seit den Kirchenvätern bis in die Barockzeit hinein üblich war.[1] Vielmehr glaubt man jetzt, sie sei, da göttlicher Inspiration entsprungen, Ausdruck einer spontanen Empfindung, woraus sich ihre leidenschaftliche Sprache, ihre kühne Metaphorik, ihr dunkler und sprunghafter Stil erklären, alles Kennzeichen einer „natürlichen" Dichtung, die in polarem Gegensatz zu einer reflexiven, geordneten, „künstlichen" Dichtung stehe[2] und mit deren Prinzipien nicht zu fassen sei. Die rationalistischen Kritiker leiten von diesem Gegensatz ihre Geringschätzung der biblischen Poeten ab, doch melden sich daneben auch schon in der ersten Hälfte des Jahrhunderts Stimmen, die dieser so fremdartigen „enthusiastischen" Dichtung einen eigenen Wert zugestehen. Augustin Calmets *Commentaire littéral sur tous les livres de l'Ancien et du Nouveau Testament* (Paris 1707–1716) und vor allem Robert Lowth' Vorlesungen *De Sacra Poesi Hebraeorum* (1741; Erstdruck Oxford 1753) wirken in dieser Richtung bahnbrechend, wenngleich beide noch immer den Normenkodex der Schulpoetik im Hintergrund ihres Urteils spüren lassen.

Dieser Rest von Traditionsbindung wird dann wenige Jahrzehnte später von Herder vollends über Bord geworfen, indem dieser dazu auffordert, die Lieder der Ebräer ohne Rücksicht auf „fremde Muster und Poetiken" „in ihrer ursprünglichen Natur und Schönheit"[3] zu sehen und anzuerkennen.

Befähigt wird Herder zu solchem radikalen Bruch mit den herkömmlichen Beurteilungskriterien durch seine neue historische Sehweise, die für die Entwicklung von Sprache und Literatur verschiedene Zeitalter unterscheidet und jeder Epoche samt ihren Zeugnissen eine unverwechselbare Individualität zuspricht.[4] Wenn dabei Herder die seit der Patristik geläufige Vorstellung übernimmt, dass die Bibel das älteste Literaturwerk der Welt sei, kann er sie als Paradigma für das jugendliche, d. h. für ihn das poetische Sprachalter benutzen[5] und sie dabei mit allen frühen Literaturen, und nicht nur des Orients, auf gleiche Stufe stellen.[6] Ja, man hat den Eindruck, als interessiere sich Herder in erster Linie deshalb für die literarische Qualität und Eigentümlichkeit der Bibel, weil sie geeignet sind, die früheste Phase seines mehrstufigen Geschichtsmodells besonders eindringlich zu illustrieren. Während der *Theologe* Herder den Offenbarungscharakter der Bibel in keiner Weise anficht, ihn vielmehr ganz im Sinne kirchlicher Tradition für verbindlich und gegenwärtig erachtet, ist der *Historiker* Herder bestrebt, die Sprachform dieser Bücher in eine weite Ferne zu rücken, so sehr, dass er schon früh (1767) daran zweifelt, ob der moderne europäische Dichter gut daran tue, Bilder und Wendungen aus der biblisch-orientalischen Poesie zu entleihen, da er sie, mangels Anschauung der fremden Natur und getrennt durch die ungeheure historische Kluft, nur halb verstehe[7], ja Herder warnt ausdrücklich davor, „diese fremde Bildersprache" „mit der unsern ungeschickt (zu) vermischen", überhaupt „mit Orientalischen Mastkälbern zu pflügen".[8]

Vielleicht war Herder zu sehr Historiker und zu wenig Poet, um das Experiment einer solchen Verbindung über die Jahrtausende, ein solches west-östliches Dichtergespräch befürworten zu können. Vielleicht war er auch zu sehr Theologe, um nicht im speziellen Falle der Verwertung biblischen Sprachgutes eine bedenkliche Profanierung heiliger Texte zu befürchten. Sein Schüler Goethe jedenfalls, schon in den Straßburger Gesprächen mit den Vorstellungen und Gedankengängen seines Mentors vertraut geworden, hat diese Skepsis nicht geteilt. Weit entfernt von dem Zwiespalt Herders, der zwischen fremder Form und verbindlichem Gehalt unterscheiden zu müssen glaubte, zeigt Goethe von Anfang an ein viel einheitlicheres, weil genuin poetisches Verhältnis zur Bibel. Seit früher Kindheit hatte sich seine dichterische Einbildungskraft bestimmte Bilder, Szenen, einzelne Kernstellen und Sprüche eingeprägt, unterstützt durch die eindrucksvollen Kupfer der elterlichen Merianbibel und vor allem durch die Übersetzung Luthers, die ihm die Bibel nie als ein fremdes Buch, sondern als Mitte und Herzstück der ihm besonders nahen und vertrauten volkstümlichen Literatur erscheinen ließ, weshalb sie ihm auch zeitlebens „lieb und werth“[9] geblieben ist.

Die darauffolgende Bekanntschaft mit der zeitgenössischen Bibelkritik (Michaelis, Eichhorn) und mit Herders literarhistorischer Auffassung bedeutet für Goethe keinen Bruch seines bisherigen Bibelverständnisses. Die neue Erkenntnis der Bibel als eines historischen Zeugnisses entfremdet sie ihm keineswegs; denn indem Goethe schon früh den Glauben an ihren Offenbarungscharakter aufgibt, tritt sie ihm als Chronik und Weisheitsbuch nur umso deutlicher hervor und bewegt ihn auch künftig dazu, sie im Ganzen zu verehren und im Einzelnen unmittelbar auf sich selbst anzuwenden. Nach wie vor kann und will Goethe mit der Bibel leben. Am schönsten kommt dies darin zum Ausdruck, dass er es liebt, an bestimmten Wendepunkten seines Lebens ein Motto aus der Bibel über die neue Epoche zu setzen. So schreibt er am Jahrestag seiner Ankunft in Weimar am 7. November 1776 den Psalmvers 8,5 ins Tagebuch: „Was ist der Mensch dass du sein gedenckst und das Menschenkind dass du dich sein annimst“[10], und Caroline Herder bezeugt in einem Brief an ihren Mann im August 1788[11], Goethe habe bei seiner Rückkehr aus Italien den Jes. 30,15 abwandelnden Satz: „Wenn du stille bist, wird dir geholfen“ zum Leitspruch seines neuen Lebensabschnittes gewählt.[12]

Solche Motti lassen erkennen, dass für Goethe die Bibel noch immer lebensorientierenden Wert besitzt, auch wenn er den Glauben an eine göttliche Inspiration der Schrift nicht mehr zu teilen vermag. Zugleich erlaubt ihm diese Freiheit von kirchlicher Glaubensbindung, sich unbefangen der Sprach- und Gedankenwelt der Bibel auch für die eigenen Schriften zu bedienen, und so verwundert es nicht, dass wir bei Goethe von früh an einer Fülle direkter und indirekter Zitate, Anspielungen und Übernahmen biblischer Worte, Wendungen und Bilder begegnen, von den Briefen und Selbstzeugnissen über die kritischen Arbeiten bis in die innersten Bezirke der Poesie.[13] Dabei gilt für diese Verwertung biblischen Wort- und Gedankengutes der gleiche Grundsatz, den Goethe auch bei seinem historisch-kritischen Umgang mit der Bibel wie mit allem Überlieferten beobachtet hat, nämlich „das Innere, Eigentliche einer Schrift [...] zu erforschen [...] und dabei vor allen Dingen zu erwägen, wie sie sich zu unserm eignen Innern verhalte, und in wie fern durch jene Lebenskraft die unsrige erregt und befruchtet werde"[14]. Mit dieser Vorstellung, dass die ältere Schrift die eigene Schaffenskraft erregen und befruchten könne, hat Goethe zugleich die Frage nach dem möglichen Einfluss der Bibel auf alle spätere Literatur gestellt, und wir haben nunmehr zu fragen, in welcher Weise Goethe als Schriftsteller und Dichter auf die Bibel als einen Wort- und Bilderschatz zurückgreift, um die eigene Sprache und Gedankenwelt zu beleben, zu veranschaulichen und zu bereichern.

Um das umfangreiche Belegmaterial einigermaßen zu gliedern, empfiehlt es sich, sich zweier Termini der patristischen Exegese zu bedienen, die bei der Interpretation der biblischen Präfigurationen des Alten für das Neue Testament zwischen *figurae verborum* und *figurae rerum* unterschieden hat.[15] Unter *figurae verborum* verstehe ich im Folgenden die Wiederaufnahme einzelner Wörter, Wendungen oder Bilder von bestimmten Bibelstellen in einen Goethe'schen Text, unverändert oder auch abgewandelt, in alter oder auch neuer Bedeutung; unter *figurae rerum* dagegen die Übertragung ganzer Begebenheiten, Szenen, Geschichten aus der Bibel in ein Goethe'sches Werk, unverändert oder wieder in bezeichnender Abwandlung. Dabei ist zu beachten, dass hier in jedem Falle die biblische Vorlage keine Präfiguration im heilsgeschichtlichen Sinne darstellt, dass vielmehr jede Transposition aus der Bibel in ein weltliches Werk als Säkularisation des Transponierten anzusehen ist.

*

Wir beginnen mit den *figurae verborum,* und da bei ihnen oft auch der Wortlaut der Vorlage eine Rolle spielt, ist zu bedenken, dass Goethe in den folgenden Fällen häufig ununterscheidbar den biblischen Verfasser und Luther übernimmt. Eine erste Gruppe umfaßt hier Zitate, die dank ihrer *Anschaulichkeit und Bildkraft* von Goethe übernommen und in den eigenen Text geflochten werden, da sie den gemeinten Sachverhalt prägnanter als jede eigene Umschreibung zu treffen vermögen. Zwei Beispiele aus späten Briefen: An Knebel, 24. November 1813: „[...] zuletzt, wenn es zur Ausführung kommt, trete ich doch die Kelter allein."[16] – An Schultz, 19. Juli 1816: „Mein kleines Heft: Die Metamorphose der Pflanzen fiel vor 25 Jahren rechts und links in die Dornen und die Steine."[17] – Während hier beide Male die biblische Herkunft damals wie (hoffentlich) heute noch erkennbar ist, gilt dies wohl nicht mehr für den ursprünglichen Schluss der Jugendhymne *An Schwager Kronos* (1774):

Töne Schwager dein Horn
Rassle den schallenden Trab
Dass der Orkus vernehme: ein Fürst kommt,
Drunten von ihren Sizzen
Sich die Gewaltigen lüfften.[18]

Die drei letzten Zeilen übernehmen Jes. 14,9: „Die Hölle drunten erzitterte vor dir [= König von Babel], da du ihr entgegenkamst. Sie erweckt dir die Toten, alle Gewaltigen der Welt, und heißt alle Könige der Heiden von ihren Stühlen aufstehen." Gerade der Gegensatz zwischen dem selbstbewussten Fürsten im Gedicht und dem König von Babel, der bei Jesaia anschließend in der Hölle als ohnmächtig verlacht wird, zeigt, wie es Goethe hier nur um die Bildkraft, nicht um den Sinn der Vorlage zu tun ist.

Der illustrierende Zweck erhellt gelegentlich auch daraus, dass ein (historisches oder fiktives) Geschehen mit einem biblischen Ereignis gleichgesetzt wird, wie in Mephistos Kommentar zur Gewalttat gegen Philemon und Baucis (*Faust II,* 5. Akt, Palast):

Auch hier geschieht was längst geschah,
Denn Naboths Weinberg war schon da. (Regum I.21.)[19]

Dieser Vergleich geht bereits über eine bloß veranschaulichende Charakteristik hinaus. Hier soll die Gegenwart mit urältestem Geschehen verknüpft, der übergeschichtliche, immergültige Charakter beider Ereignisse erwiesen werden und damit zwischen den Zeilen jenes Wort des Predigers (1,9) bekräftigt werden, dass nichts Neues unter der Sonne geschehe – im Ganzen ein Hinweis, wie sehr dem antihistoristischen Denken zumal des alten Goethe die Bibel als Bilderschatz wie als unmittelbarer Kronzeuge willkommen sein musste.

Neben der Bildkraft wird für Goethe der gedankliche Gehalt vieler Bibelstellen Anlass zu ihrer Verwertung in eigenen Texten. Manche werden dabei wegen ihres ausgeprägten *Spruchcharakters* gewählt und dann gerne im Wortlaut übernommen, gelegentlich sogar als Zitate gekennzeichnet. Mit solchen direkten Übernahmen und Nutzanwendungen auf die eigene Situation sollen wiederum die Jahrtausende zwischen Vorlage und Gegenwart überbrückt, die Kontinuität des Menschen und seines Schicksals bekräftigt werden. So schließt Goethe noch in einem seiner spätesten Briefe eine Bemerkung über anhaltende Arbeitsplage mit dem Nachsatz: „damit erfüllt werde, was geschrieben steht: ‚Solche Mühe hat Gott den Menschen gegeben.'"[20] Der Anklang an die bekannten Verweise des Neuen auf das Alte Testament will hier die Bibelvorlage scherzhaft als eine Prophetie für Goethe selbst erscheinen lassen – der tiefere Ernst dieses Scherzes ist das Bekenntnis zur überzeitlichen Gültigkeit solcher Lebenslehre. Dabei wird in all diesen Fällen sentenzhafter Zitate besonders deutlich, wie sehr Goethe die Bibel als ein Weisheitsbuch neben anderen betrachtet. So bringt er im „Buch der Sprüche" des *Divan* den Joh. 9,4 wieder fast wörtlich zitierenden Zweizeiler:

Noch ist es Tag, da rühre sich der Mann,
Die Nacht tritt ein, wo niemand wirken kann.[21]

in unmittelbare Nachbarschaft zu frei übertragenen orientalischen Sprichwörtern, zu Sprüchen aus Saadi oder zu einer Stelle aus dem persischen Erziehungsbuch *Pend Nameh*[22], so wie er ja auch den Spruch des Predigers (3,1) „Alles hat seine Zeit" zum Auftakt der *Divan*-Noten wählt, ohne dabei an den religiösen Hintergrund der Vorlage zu erinnern.[23]

Eine ganz andere Art der Verwertung biblischer Gedanken lässt sich hingegen beobachten, wenn statt Bildkraft oder Spruchcharakter der *theologische Gehalt* der Stelle die Übernahme veranlasst hat. Mit einer mehr oder weniger deutlichen Modifikation des Wortlauts geht dabei eine eigenwillig umdeutende Exegese einher, die ganz im Dienste der neuen Textumgebung steht.[24] – Wenn etwa die Wiederaufnahme von Matth. 5,45 in den bekannten Hymnenversen

Denn unfühlend
Ist die Natur:
Es leuchtet die Sonne
Über Bös' und Gute,[25]

das alte Bild so umwandelt, dass nicht mehr Gott die Sonne scheinen lässt, sondern sie selbst leuchtet, dann wird es schon deutlich in eine unbiblische Richtung gelenkt, die an die Stelle eines freigebigen und auch seine Feinde liebenden Gottes die gleichgültige Natur nicht mehr als Vorbild, sondern als negative Folie für den ethisch verantwortlichen Menschen setzt.

Solche Neigung Goethes zur Säkularisation biblischer Gedanken macht sogar vor einer Luther'schen Kernstelle wie Röm. 3, 23 nicht halt, wenn er am 18. Oktober 1775 in einem Brief an Gottfried August Bürger seine Arbeit an *Faust* und *Egmont* mit den Worten kommentiert: „Sind aber doch allzumal Sünder und mangeln des Ruhms den wir vor unsrer Mutter Natur haben sollten.“[26] Der ganze Satz ist aus dem Bereich der Theologie in den der Kunst überführt, an die Stelle Gottes ist die Mutter Natur als die neue, allein rechtfertigende göttliche Instanz getreten.

In den bisher betrachteten Beispielen für säkularisierende Verwertung theologischer Bibelstellen hatte Goethe innerhalb des übernommenen Zitats kurzerhand das Subjekt getauscht (Natur statt Gott), so dass vielleicht nur dem Kenner die Herkunft des Satzes und damit der Säkularisationsvorgang als solcher bewusst werden konnte; Goethe wollte in erster Linie die sprachliche Kraft oder gehaltliche Tiefe der Vorlage nutzen, ohne auf die Quelle und seine säkularisierende Intention ausdrücklich zu verweisen.

Es gibt jedoch auch Fälle, wo Goethe den biblischen Satz ohne Sinnveränderung zitiert, ihn dabei als Zitat in den neuen säkularen Kontext baut und damit die Spannung zwischen der Vorlage und dem neuen Sinnzusammenhang eigens betont. Wenn etwa eine Strophe der Marienbader *Elegie* (1823) beginnt:

Dem Frieden Gottes, welcher euch hienieden
Mehr als Vernunft beseliget – wir lesen's –
Vergleich' ich wohl der Liebe heitern Frieden
In Gegenwart des allgeliebten Wesens;[27]

so schafft zunächst das parenthetische „wir lesen's“ eine deutliche Zäsur zwischen religiösem und weltlichem Pol und überdies eine leise Distanz zwischen Sprecher und Zitat; zugleich relativiert die Gegenüberstellung von „euch“ und „ich“ die Verbindlichkeit und Unvergleichlichkeit der biblischen Aussage für dieses Ich, und so wagt es schließlich die chiastische Verschränkung von „Frieden Gottes“ und „der Liebe heitern Frieden“, die Gleichrangigkeit von Gott und irdischer Liebe zu behaupten. Damit wird hier durch die klare Konfrontation eines theologischen Bibelzitats (Phil. 4,7) mit einem weltlichen Analogon dieses nicht mehr heimlich und unvermerkt, sondern bewusst und ausdrücklich sakralisiert.

*

Damit sei die Beispielreihe für die Verwertung für die *figurae verborum* abgeschlossen; bevor wir jedoch zu den *figurae rerum* gelangen, soll eine *Übergangszone* zwischen beiden Bereichen berührt werden. Es handelt sich um jene Fälle, in denen nicht einzelne Worte oder Sätze, sondern bestimmte Gestalten der Bibel als Musterbilder aufgerufen werden, mit denen Goethe sich selbst oder eine seiner Romanfiguren in Beziehung setzt, ja gelegentlich deren Rolle übernehmen lässt.

Nach dem Muster: „Und so geht mir’s denn wie Bileam, dem confusen Propheten, welcher segnete, da er zu fluchen gedachte“[28] vergleicht sich Goethe gerne mit Jakob, der mit dem Engel rang, mit Moses, mit Hesekiel, mit Jonas und besonders auch mit Habakuk, wenn er „wieder einmal, gleich jenem Propheten mit dem Mußtopfe dahin vom Genius geführt worden (ist) wo (er) nicht hinwollte“[29]. Alle diese Vorbilder werden gewählt, weil nicht ihre Gestalt an sich, ihr Temperament oder ihr Charakter zum Vergleich mit der eigenen Person reizen könnten, sondern weil ihre Situation, ihre Funktion, ihr Schicksal beispielhaft für eigene Lebenslagen werden. Mit den *figurae verborum* haben diese Stellen gemeinsam, dass der Vergleichspunkt in einem knappen Satz bezeichnet werden kann, mit den *figurae rerum*, dass es sich nicht mehr um Gedanken, sondern um eine Geschichte in nuce handelt, um derentwillen der Vergleich unternommen wird. Letztlich ist es auch hier wieder die Bildkraft der Vorlage, die Goethe zu solchen Miniaturen reizt.

Das Gleiche gilt im Grunde auch für die wenigen Beispiele dieses Übergangsbereichs, in denen sich Goethe mit Jesus vergleicht, genauer: die Position Jesu in einer bestimmten Szene einnimmt. Wenn etwa das scherzhaft-ironische Gedicht über die gemeinsame Rheinreise mit Lavater und Basedow vom Sommer 1774 (*Diné zu Coblenz*) mit den Versen schließt:

Und, wie nach Emmaus, weiter ging's
Mit Geist- und Feuerschritten,
Prophete rechts, Prophete links,
Das Weltkind in der Mitten.[30]

so werden gegenüber der biblischen Vorlage die Rollen von Prophet und Zuhörer gerade vertauscht, um eine substantielle und damit blasphemische Identifikation mit dem Auferstandenen von vornherein zu verhindern. Wichtig ist allein das Bild einer Reise zu dritt, bei deutlichem Kontrast von Mitte und Außen; im Übrigen lässt die Kontrafaktur die beiden neuen Propheten den Emmaus-Gang unfreiwillig parodieren, so dass die Satire nicht auf die Vorlage, sondern ganz auf die Parodierenden fällt. – Eher scheint es sich um Anmaßung zu handeln, wenn Goethe in der *Italienischen Reise* einen Bericht von seinen verschiedenen Kunstübungen in Frascati (28. September 1787) zusammenfasst: „So lebe ich denn glücklich, weil ich in dem bin, was meines Vaters ist."[31] Aber auch dieser Selbstvergleich mit dem zwölfjährigen Jesus im Tempel will lediglich Kunst und Künstlertum als den Raum seiner eigentlichen Bestimmung hervorheben, jede Gleichsetzung liegt Goethe mit dieser fast nur metaphorischen Kontrafaktur fern; er will sich damit nur etwas feierlicher als sonst zu seinem italienischen Glück bekennen, und um diese höhere Tonlage zu gewinnen, greift er auf die biblische Situation und den sie zusammenfassenden Satz zurück.

Grundsätzlich anders sind jedoch die berühmten Selbstvergleiche Werthers mit dem leidenden Jesus gegen Ende des Romans zu beurteilen.[32] Wenn Werther im Brief vom 15. November den Todesschrei des Gekreuzigten: „Mein Gott! Mein Gott! Warum hast du mich verlassen?" für sich selbst in Anspruch nimmt[33], so betont er dabei freilich, dass Ausleiden und Todverfallenheit allgemeines Menschenschicksal sei[34], woraus Albrecht Schöne den Schluss gezogen hat, Werther wolle sich mit Jesus nur als einem Muster menschlichen Leidens vergleichen[35]. Doch ist nicht zu übersehen, dass mit diesem Kreuzeswort für Werther wie für jeden seiner damaligen und heutigen Leser die Situation, in der es gesprochen ist, und damit seine heilsgeschichtliche Qualität notwendig miterscheinen, zumal Werther den göttlichen Charakter jenes Leidensvorbildes nicht verschweigt.[36] Eine „Ausgrenzung der Kontext-Bedeutung" und „Isolierung des Passionsvorgangs", wie Schöne diese

Stelle gedeutet hat[37], sind also weder möglich noch beabsichtigt. Eine solche Ausgrenzung wäre allenfalls denkbar, wenn jenes Wort nur in Psalm 22,2 überliefert wäre; Werther würde dann den Psalmisten zitieren, um mit dem dortigen Ruf eines Gerechten in Todesnot, der mit ihm fraglos auf gleicher menschlicher Ebene steht, die eigene Situation, den eigenen Gedankengang lediglich zu bekräftigen. Nun aber zitiert Werther das Wort ausdrücklich aus dem Evangelium und intendiert damit deutlich genug eine Erhöhung, wenn nicht Sakralisation seines eigenen Leidens. Mittelbar sakralisiert er damit zugleich den Grund dieses Leidens, der freilich nicht, wie Herbert Schöffler gemeint hat[38], in der „Geschlechterliebe" liegt, vielmehr in der Unbedingtheit der Ansprüche Werthers an sich selbst und an die Welt, in seinem absoluten Freiheitsdrang, der die Schranken von Welt und Ich nicht anerkennen kann.[39]

Das wird noch deutlicher bei den darauffolgenden Stellen, wo Werther Sätze aus dem Johannes-Evangelium sich zu eigen macht, die das besondere Verhältnis Jesu zum Vater artikulieren. Während nämlich aus den Abschiedsreden Jesu das ruhige Bewusstsein dessen spricht, der im Gehorsam gegenüber dem Vater seinen Sendungsauftrag bis in den Tod erfüllt und in der Rückkehr zum Vater eine neue Einheit zwischen diesem und den Seinen in der Welt stiftet, lassen die analogen Sätze Werthers („Vater! Den ich nicht kenne! Vater! Der sonst meine ganze Seele füllte, und nun sein Angesicht von mir gewendet hat! Rufe mich zu dir!" – „Ich gehe voran! Gehe zu meinem Vater, zu deinem Vater. Dem will ich's klagen [...]")[40] in völliger Umkehrung der Vorlage nur noch einen Vereinsamten und Verzweifelten erkennen, der mit dem Bild der Vater-Sohn-Beziehung seine totale Isolation wenigstens verbal noch aufzuhalten sucht. Dennoch lässt Werther durch formale Parallelen die Vorlage (Joh. 17,25; 20,17) noch deutlich anklingen und usurpiert damit trotz aller inhaltlichen Gegensätze bewusst die Rolle Jesu, um erneut das eigene Leiden auf die Ebene der Passion zu heben und seine tödliche Selbstbefreiungstat als eine vergleichbare Rückkehr zum Vater zu sanktionieren. Aufs Ganze gesehen, wird im gesamten Werk Goethes nur Werther durch diese seine eigenwillige Inanspruchnahme von Wort und Rolle Jesu in die Nähe der Anmaßung geführt, und man darf annehmen, dass Goethe seinen zum Tod entschlossenen Helden wohl vor allem deshalb in solche Nähe gerückt hat, um auch auf diese

Weise den pathologischen Grundzug in Werthers Wesen erkennen zu lassen.[41]

*

Wenn wir uns nunmehr den eigentlichen *figurae rerum*, der Übernahme ganzer Szenen und Geschichten aus der Bibel in ein Goethe'sches Werk, zuwenden, so ist hier zunächst an die traditionelle Möglichkeit zu erinnern, eine biblische Geschichte zum ausschließlichen Thema eines Gedichts zu machen. Klopstock hat dafür den Begriff der „heiligen Poesie" geprägt und in seinem *Messias*-Epos das große Muster geschaffen.[42] Goethe knüpft mit seinen frühesten Jugenddichtungen: mit der Ode *Poetische Gedanken über die Höllenfahrt Jesu Christi*[43], einer Auftragsarbeit des Fünfzehnjährigen, mit dem nicht erhaltenen *Joseph*-Roman[44] und der nur mit einer Kostprobe im Ur-Meister überlieferten Alexandriner-Tragödie *Belsazar*[45] an diese Tradition an. Soweit uns die erhaltenen Fragmente überhaupt ein Urteil erlauben, handelt es sich bei diesen frühen, noch unselbständigen Versuchen um bloße Ausschmückungen der Quelle in prunkhaft-rhetorischem Stil, um versifizierte Homilien noch ganz in den Bahnen der herkömmlichen Theologie. Mit dem Ende der Jugendphase verschwindet diese Art biblischer Poesie für immer aus Goethes Werk, ja schon der Leipziger Student überantwortet diese ihm bald epigonal erscheinenden Arbeiten selbstkritisch dem Feuer. Wenn Goethe in den späteren Schaffensperioden biblische Szenen in seine Dichtungen aufnimmt, so füllen sie nie mehr, wie in den Jugendversuchen, das ganze Gedicht aus, bilden vielmehr immer nur einen Teil, der in ein größeres Ganzes eingebaut wird, um in einer oft deutlichen Spannung zum übrigen Text seine spezifische Wirkung auszuüben. Solche Einbauten finden sich ausschließlich im Spätwerk nach 1800, erst im Alter gewinnt Goethe die Souveränität, ganze Geschichten der Bibel in den Dienst seiner Dichtung zu stellen.

Vereinzelt erscheinen solche Fälle in lyrischen Gebilden: Hier wählt Goethe mit Vorliebe Szenen der Weltschöpfung, die allein in drei Gedichten des *Divan* begegnen. Zwei davon, *Wiederfinden* und *Es ist gut* (beide 1815), zeigen eine verwandte Struktur. Beide erzählen die Erschaffung der Welt bzw. des ersten Menschenpaares durch den Gott der Genesis, das eine in feierlich-erhabenem, das andere in humorvoll-idyllischem Ton, und beide erklären anschließend das kosmisch-schöpferische Geschehen zum Gleichnis jeder Liebesgegenwart. Dabei hält *Wiederfinden* nicht einfach einen kosmogonischen Lehrvortrag, sondern verfolgt die Dynamik des Geschehens ganz aus dem Blickwinkel des Schöpfers, der in Lust und Einsamkeit selbst zum Mitfühlenden seiner Schöpfung und also gleichfalls zum Analogon der Liebenden wird. Noch direkter wird dieses Verhältnis im Parabelgedicht zum Ausdruck gebracht: Mit Gottes wohlgefälligem Blick auf seine „zwei lieblichsten Gedanken"[46] wird nicht nur das Aug-in-Aug seiner Geschöpfe vorgebildet, der Begriff des „Gottes-Gedankens"[47] nennt zudem ausdrücklich das in beiden Gedichten inszenierte mosaische Thema der Gottebenbildlichkeit, das hier durch die spezifische Ausgestaltung der Genesisbilder den Goethe'schen Sinn erhält, die Schöpfer- und Liebeskraft des Menschen als gottverwandt zu feiern.

Während nun in solchen lyrischen Gedichten der Spätzeit Goethe die *figurae rerum* in Form von Gleichnissen erzählt, lässt er in den pragmatischen Gattungen seine Figuren selbst die Rolle biblischer Gestalten übernehmen, die biblischen Szenen im Raum der eigenen Dichtung noch einmal spielen. Drei Beispiele dafür seien näher betrachtet:

1) Die Wette zwischen dem Herrn und Mephistopheles um Faust im „Prolog im Himmel",
2) die Geschichte „Sankt Joseph der Zweite" zu Beginn der *Wanderjahre,*
3) die Daniel-Szene in der *Novelle.*

Als Goethe sich 1797 entschließt, um sein *Faust*-Fragment einen transzendenten Rahmen zu legen, greift er nicht auf die in der Fausttradition übliche Teufelsversammlung zurück, wo Pluto einen der Geister beauftragt, den Doktor zu versuchen und in seine Gewalt zu bringen. Er übernimmt vielmehr bis in Einzelheiten hinein die Anfangsszene des Buches Hiob (1,6–12; 2,1–6), wo der Herr im Beisein der Göttersöhne mit Satan eine Wette über die Standfestigkeit seines Knechtes Hiob eingeht und die Erlaubnis zur Versuchung des Gerechten gibt. Schon im Buch Hiob ist dieses Streitgespräch als Rahmenszene gestaltet, ihr entspricht am Ende der Dialog zwischen dem Herrn und Hiob selbst, woraus dessen Rechtfertigung und Wiederherstellung resultieren. Wenn sich daher Goethe im „Prolog im Himmel" an das biblische Vorbild anschließt, erreicht er damit dreierlei:

1. rückt er das Faustdrama deutlicher als alle Vorgänger in die Welttheatertradition ein, in der ein irdisches Geschehen vor Gott als dem Initiator, Zuschauer und Richter dieses Spiels im Spiel aufgeführt wird;[48]
2. wird Faust aus der bisherigen einseitigen Teufelsverfallenheit in eine neue und zugleich uralte Freiheit der Entscheidung zwischen Gott und Satan gesetzt, was Goethe veranlasst, gleichzeitig mit der Konzeption des „Prologs" auch innerhalb der Tragödie den traditionellen Teufelspakt durch eine zweite Wette, diesmal zwischen Faust und Mephistopheles, zu ersetzen;
3. wird durch die Analogie zu Hiob im Anfangsrahmen auch das endliche Schicksal Faustens angekündigt, der gleichfalls im Binnenspiel geprüft und gerettet wird.

Dieser Anschluss an das biblische Vorbild bedeutet freilich nur die Übernahme seiner Umrisse, die von Goethe in säkularisierender Weise neu gefüllt werden. Der Ersatz der biblischen Gottesfurcht durch den „dunklen Drang"[49] des menschlichen Geistes nach Selbstfindung deutet darauf hin, dass in Faust weder der Charakter noch das Schicksal Hiobs imitiert werden sollen, dass vielmehr nur ein archetypisches Modell gewählt wird, das eine menschliche Ursituation für einen neuen Fall wieder aufgreift. Es ist – mit Schöne zu reden – eine „Wiederholung der exemplarischen Begebenheit"[50], die gewählt wird, um das Immergültige des Vorgangs zu betonen, ohne deshalb eine imitierende Gleichung der damit verbundenen Personen anzustreben. Aus diesem Grunde wird in Goethes „Prolog im Himmel" die Wiederholung der Ursituation weder vom Autor noch gar von den beteiligten Figuren ausdrücklich bewusst gemacht, das Modell wird stillschweigend wiederholt, seine fortdauernde Gültigkeit nur indirekt bekräftigt.

Die beiden anderen Beispiele, aus den *Wanderjahren* und der *Novelle*, gehören hingegen der von Schöne als „postfigurale Gestaltung"[51] bezeichneten Säkularisationsform an. Es handelt sich beide Male um eine den poetischen Figuren selbst bewusste und von ihnen gewollte *imitatio* biblischer Gestalten, denen sie in der inneren Gesinnung wie im äußeren Schicksal gleichen wollen.

Zu Beginn der *Wanderjahre*[52] begegnet Wilhelm der leibhaftigen Nachbildung der Flucht nach Ägypten als einer staunenswerten Erscheinung der biblischen in unserer modernen Welt. Goethe beginnt dabei mit einem überraschenden Auftreten der Familie Sankt Josephs des

Zweiten, um zunächst Wilhelms „Verwunderung“ und „Erstaunen“ über dieses „seltsame Gesicht“ in immer neuen Wendungen betonen zu können.[53] Erst allmählich wird ihm und uns das Rätsel aufgelöst: Der Besuch Wilhelms bei dieser Familie in einem früheren Kloster, wo der neue Joseph ein Schaffneramt versieht, führt zuerst zum biblischen Vorbild selbst, das uns in Form einer Beschreibung von Kapellenbildern entgegentritt. Erst danach werden diese Vorbilder mit dem Leben der nachbildenden Familie verbunden, wenn Sankt Joseph der Zweite in einer ausführlichen Erzählung seiner Geschichte bis ins Einzelne belegt, wie sehr der Namenspatron dank der oftmals betrachteten und gedeuteten Kapellenbilder seine Lebensweise bestimmt und ihn in seiner Neigung zur Nachfolge bestärkt hat. Dabei ist der Erzähler auf der einen Seite bemüht, das Wunderbare dieser *imitatio* durch reale Umstände seiner Lebenswelt zu erklären und abzuschwächen; auf der anderen Seite spricht auch Joseph – ähnlich wie zuvor schon Wilhelm – von dem Traumcharakter mancher Ereignisse, namentlich seiner Begegnung und Verbindung mit der jungen Frau Marie, so dass am Ende die Erscheinung einer wiedererstandenen heiligen Familie für Wilhelm wie für uns noch immer zwischen Wunder und Wirklichkeit schwankt.

Dieses Schweben zwischen Traum und Realität hat wohl den Sinn, das biblische „Musterbild an Treue und Reinheit der Gesinnungen“[54] wie aus weiter, uranfänglicher Ferne herbeizuholen, dann aber dank seiner „ohne Spielerei und Anmaßung“[55] gelungenen *imitatio* in der Gegenwart wirksam werden zu lassen. Vor vielen anderen Geschichten und Novellen in diesem Roman hielt offenbar Goethe eine biblische Geschichte für besonders geeignet, Wilhelm das Bild einer positiven menschlichen Urform zu vermitteln, dem später unruhige, ja tragische Gegenbilder folgen sollten; die Legende allein, auch die bloßen Kapellenbilder waren dafür nicht genug; Goethe wählte die figurale *imitatio*, um die biblische Welt als ein noch immer lebendig-gegenwärtiges Muster vor Augen zu stellen.[56]

Verwandten Sinn zeigt die Daniel-Szene in der *Novelle* (1827). Hier wird freilich der Kontrast zwischen der biblischen und der modernen Welt wesentlich schärfer gezeichnet, indem von vornherein eine fremdartige morgenländische Familie samt ihren exotischen Tieren in die spätzeitlich-westliche Welt eintritt. Im Unterschied zur Josephs-Geschichte wird hier auch im Folgenden nicht versucht, diesen Kontrast zu mildern, etwa das Wunder der Löwenzähmung als einen real möglichen Vorgang zu erklären. Goethe hat selbst betont, dass das Ideelle des Novellenschlusses als eine überraschende Blume aus dem grünen Blätterwerk der realen Exposition hervorbrechen solle, was auch sprachlich durch die Klimax von der stammelnden Klage der Frau über die poetische Prosa in der pathetischen Rede des Mannes zum lyrischen Gesang des Kindes zum Ausdruck komme.[57] Gleichzeitig wird diese Steigerung aber auch durch den schrittweisen Vollzug der Daniel-*imitatio* sinnfällig. Die Rede des Mannes hatte an ihrem Ende Daniel in der Löwengrube, der durch frommen Gesang dem Unbändigen standhält, als Musterszene für die rechte Stellung des Menschen in der Schöpfungsordnung gezeichnet. Das Lied des Kindes nimmt dieses Bild vom singenden Propheten auf und deutet dabei dessen Gesang als besänftigend, ergänzt also das biblische Bild durch das orphische Element der magischen Musik[58], um das Ideelle, nämlich die überwindende Kraft der Frömmigkeit, jetzt und künftig überhaupt noch fasslich zu machen. Indem das Kind aber dabei selbst singt, verbindet es schon hier andeutend das gefeierte Urbild mit dem kurz darauf von ihm selbst repräsentierten Abbild und verdeutlicht diesen Übergang noch, wenn die sich verschränkenden Strophen von den „Gruben“ zum „Graben“[59], vom „Propheten“ zum „Kinde“[60] hinüberspielen und mit den „sanften, frommen Liedern“[61] auch sich selber meinen, die eigene Wirkkraft vorausverkünden. Die endliche *imitatio* selbst, die also auch hier bewusst vollzogen wird, setzt mit der gleichen Flöte und dem gleichen Lied, die bisher nur präludiert hatten, das Thema des Liedes in Szene und löst das Versprechen ein.

Auf der einen Seite hat sich damit das Ideelle am weitesten vom Ausgangspunkt entfernt, der Schluss der *Novelle* kehrt nicht mehr zum realen Boden zurück, sondern klingt aus mit einer Liedstrophe von unerhörter Künstlichkeit.[62] Auf der anderen Seite bleibt das Daniel-Bild nicht nur Wunsch und Vorstellung, sondern verdichtet sich zur Szene und zur „schönen Tat“[63]. Gerade seine beherrschende Schlussposition will sagen, dass es sich nicht in der Rolle eines Symbols, etwa für die Entsagung Honorios, erschöpft[64]; entschiedener als in der Josephs-Geschichte ist hier die *imitatio* als „glorreicher“[65] Einbruch des Wunders in die reale Welt gestaltet, die Erneuerung einer biblischen Szene gewinnt hier fast schon eschatologische Dimension, wie ja auch die Zeile

„Löwen sollen Lämmer werden“[66] die Tat des Daniel mit dem Friedensreich des Jesaia (11,6–9; 65,25) verbindet. In den *Wanderjahren* ist die figurale *imitatio* ein Bild unter vielen geblieben, in der *Novelle* wird sie zum Ziel der Erzählung, zur „unerhörten Begebenheit“[67], die die biblische Welt als eine zukunftgerichtete Kraft gerade in einer späten Gegenwart erscheinen und wirken lässt.

*

Die Bedeutung der Bibel als Quelle für Goethes Sprache und Dichtung liegt also darin, dass Goethe dank der besonderen geistesgeschichtlichen Stunde und dank seines persönlichen Verhältnisses zur Bibel eine eigentümliche Freiheit besitzt, die ihm zeitlebens vertrauten Schätze dieses Buches in einer oft originell-souveränen Exegese für sein Denken und Dichten zu gewinnen. Er übernimmt einzelne Ausdrücke, Wendungen, Sätze aus der Bibel, wenn ihm teils ihre Anschaulichkeit, teils ihr Spruchcharakter besser als jede eigene Umschreibung geeignet erscheinen, den gemeinten Sachverhalt zu treffen; in anderen Fällen verwertet er Bibelstellen, bei häufiger Umdeutung ihres theologischen Gehalts, um weltliche Bereiche (Natur, Kunst, Liebe, Freiheit) stillschweigend oder ausdrücklich zu sakralisieren. Goethe kann aber auch ganze Szenen und Geschichten aus der Bibel in ein eigenes Werk übertragen. Die Beispiele dafür haben erkennen lassen, dass Goethe mit dem Einbau solcher *imitationes* bei aller Betonung des Kontrasts zwischen biblischer und moderner Welt sich zur möglichen Einwirkung der Anfänge in die Gegenwart und damit zur Kontinuität, ja zur Einheit der Menschheitsgeschichte bekennt. So gewinnt bei Goethe die Übernahme einzelner Sätze wie ganzer Geschichten aus der Bibel den gemeinsamen Sinn, mit diesen Zeugnissen einer frühesten Kultur – mit Hilfe oder auch unabhängig von ihrem religiösen Aussagewert – Symbole des Menschenlebens fürs eigene Werk zu gewinnen.

Antike Götterwelt in Goethes Dichtung

Rettet mich,
Und rettet euer Bild in meiner Seele!
Iphigenie auf Tauris IV, 5

Verständnis, Bewertung und Gebrauch der antiken Mythologie erlebten im Laufe des 18. Jahrhunderts einen mehrfachen Wandel. Hatte das Barockzeitalter die antiken Götter- und Heldensagen noch ganz unbefangen aufgenommen und benutzt, hatte besonders die Literatur des 17. Jahrhunderts mythologische Figuren und Geschichten teils als poetischen Schmuck, teils als belehrende Allegorien verwendet, so hat die Aufklärung des frühen 18. Jahrhunderts die antike Mythologie als Irrtum und Aberglauben der Alten grundsätzlich abgelehnt. Es ist dies Teil einer allgemeinen Kritik an jeder Überlieferung und steht in Zusammenhang mit dem neuen Bekenntnis zu einer rationalen (Natur-) Wissenschaft. Diese theologisch begründete Mythologiekritik greift auch auf die Literaturkritik über und will es dem modernen Dichter verbieten, die Welt der antiken Götter als Kunstmittel seiner Poesie zu gebrauchen. So gesteht Gottsched in seiner *Critischen Dichtkunst* (1730, ^{4}1751)[1] den Alten zwar noch ihre „heidnische Theologie" zu, kritisiert aber schon Homers und Ovids Darstellungen göttlicher „Wunderwerke", weil diese oft die Wahrscheinlichkeit außer Acht ließen. Erst recht könne die Mythologie der Alten kein Gegenstand mehr für einen neueren Dichter sein. Allenfalls könne er die alten mythologischen Namen beibehalten, aber nur allegorisch verwenden (Mars = Krieg, Pallas = Weisheit etc.). Im Übrigen solle er sich der „Wunderdinge" möglichst enthalten und „die Götter nicht ohne Noth in seine Fabeln mischen".

Demgegenüber deutet Bodmer schon 1740 die Mythologie überhaupt nicht mehr religionskritisch als Aberglauben und Abgötterei, sondern ausschließlich poetologisch als „die Geschichte einer derer Welten, welche die Poeten erfunden [...] haben", und billigt ihnen deshalb „ein natürliches Recht" zu, sich dieser Fabeln zu bedienen, weil sie „Früchte der Einbildungs-Kraft und des Witzes" sind.[2] Über den bloßen allegorischen Gebrauch hinaus[3] restituiert Bodmer damit alle mythologischen Gestalten und Geschichten erstmals wieder als legitimen Stoff und Gegenstand für jede und also auch für die moderne Dichtung, da er gerade das Wunderbare – unabhängig von aller Wahrscheinlichkeit – für einen genuinen Bereich der Poesie erachtet.

Diese in Zürich eingeleitete Wende von der theologischen zur ästhetischen Auffassung der antiken Mythologie hat der junge Herder wenige Jahrzehnte später bekräftigt und mit konkreten Vorschlägen unterstützt. In seiner Polemik gegen Christian Adolph Klotz, der noch immer das negative Urteil der Aufklärung über die antike Götterwelt vertrat[4], plädiert Herder in der Dritten Sammlung seiner *Fragmente* (1767) für einen „neuern Gebrauch der Mythologie"[5]. Man solle sie nicht mehr als eine Sammlung von „Religions- und Historienwahrheiten", nicht mehr als eine „heilige Antike", aber auch nicht als einen „leeren Schall", sondern als „poetische Fiktion" verstehen. Doch dürfe der neuere Dichter diese nicht, wie bisher geschehen, unselbständig und einfallslos bloß nachahmen und wiederholen; vielmehr solle er sie als ein schon vorhandenes „Baugerüste" benutzen und sich von ihrem bestimmten Charakter, ihrem Ideenreichtum und ihrem „Licht der sinnlichen Anschauung" dazu anregen lassen, „mit einer neuen Schöpferischen, fruchtbaren und Kunstvollen Hand" den alten Bildern und Geschichten einen „neuen Zug" aus der Gegenwart und ihren Sitten zu verleihen, so dass „das Neue ehrwürdig und das Alte verjüngt wird". Zwei Jahre später betont Herder erneut den genuin poetischen Charakter der antiken Mythologie. Im Ersten seiner *Kritischen Wälder* (1769) widerspricht er Lessings These im *Laokoon,* dass die antiken Götter beim bildenden Künstler immer nur „personifizierte Abstrakta" seien und erst beim Dichter „wirkliche handelnde Wesen" würden.[6] Herder antwortet mit der Gegenthese[7], dass „die ganze Mythologie" „eigentlich ein Land *Dichterischer* Ideen" sei und es deshalb auch dem bildenden Künstler erlaubt sein müsse, die Götter nicht ständig als personifizierte Abstrakta, sondern möglichst als Individuen in lebendiger, poetischer Handlung zu zeigen, so dass der Künstler in seinen mythologischen Kompositionen gleichfalls zum Dichter werde.

Die von Bodmer und Herder propagierte Wiederaufwertung der antiken Mythologie für Kunst und Poesie stärkte nicht zuletzt die Bedeutung einiger mythologischer Lexika, die seit der Barockzeit die alten Götter- und Heldensagen gesammelt und – unbekümmert um den Streit der Kunstrichter – in immer neuen Auflagen einem nach wie vor interessierten Publikum vorgelegt haben. Jetzt, in der Mitte des 18. Jahrhunderts, konnten sie sich erneut Künstlern und Dichtern als Schatztruhen malerischer und poetischer Motive empfehlen. So hat das seit 1659 erscheinende Handbuch *Pantheum Mythicum* des französischen Jesuiten François-Antoine Pomey die antiken Göttergestalten in systematischer Ordnung vorgestellt und seit der 8. Auflage (1730) zusätzlich in Kupferstichen abgebildet. 1724 trat in Deutschland Benjamin Hederichs *Gründliches Lexicon mythologicum* hinzu und erlebte 1770 eine zweite, wesentlich vermehrte Auflage.[8] Wie aus seinem 40seitigen Quellenverzeichnis hervorgeht, vereinigte der „Hederich“ in sich die gesamte Fülle mythologischer Tradition von der Antike über die Humanistenzeit bis in die unmittelbare Gegenwart (Winckelmann, Lessing) sowohl in ihren Grundzügen als auch mit vielen Variationen und Widersprüchen und wirkte gerade dadurch für jeden Künstler ungemein anregend. Der Bearbeiter der 2. Auflage war sich dessen auch bewusst; denn er fordert in der „Vorrede“[9] die Künstler auf, sich von der im Lexikon dargebotenen Vielfalt der Überlieferung zu eigener Freiheit im Umgang mit dieser Tradition ermuntern zu lassen, und zitiert dabei Herders Satz aus dem Ersten seiner *Kritischen Wälder* (1769), dass „die ganze Mythologie eigentlich ein Land dichterischer Ideen ist, und auch der Künstler, wenn er sie bildet, ein Dichter wird“[10].

*

Diese 2. Auflage des „Hederich“ bot von Anfang an auch Goethe wertvolle Hilfe bei seiner Beschäftigung mit der antiken Mythologie, eine Hilfe, die er ein Leben lang dankbar benutzen sollte. Vor allem aber war es Herder, der dem jungen Goethe den Weg zu einem neueren, zeitgemäßen Gebrauch der antiken Mythologie für seine Dichtungen geebnet hat. Bevor dieser jedoch seinen Mentor kennenlernte, durchlief er, wie wir aus *Dichtung und Wahrheit* erfahren, für sich selbst nochmals die verschiedenen Stufen, die während des 18. Jahrhunderts die Rezeptionsgeschichte der Mythologie erlebt hatte. So interessierte sich schon der Sechsjährige mit kindlicher Naivität nicht nur für die Merianbibel und Gottfrieds *Chronik*, sondern auch für Pomeys *Pantheum Mythicum* (vermutlich mit den Illustrationen einer späteren Auflage) und für die ersten Bücher von Ovids *Metamorphosen*, was alles ihm schon früh eine „Masse von Bildern und Begebenheiten, von bedeutenden und wunderbaren Gestalten und Ereignissen“[11] vertraut werden ließ. Deshalb wird der Zehnjährige während der Frankfurter Besetzung 1759 vom französischen Theater und seinen „halb mythologischen, halb allegorischen Stücken“[12] im geistvoll-witzigen Geschmack des Piron, und darin besonders von einigen Göttergestalten (Merkur, Jupiter) so sehr beeindruckt, dass er – in lebhafter Erinnerung an Ovid und Pomey – ein eigenes mythologisches Stück mit Königstöchtern, Prinzen und Göttern imaginiert, sich also die noch immer lebendige, wenn auch schon leicht ironisierte Barocktradition zum Vorbild nimmt. Sieben Jahre später schreibt dann der Leipziger Student auf Bitten seiner Eltern ein Hochzeitscarmen für seinen Onkel Johann Jost Textor und lässt darin eine ganze Götterversammlung auf dem Olymp über die Heirat dieses Frankfurter Rechtsgelehrten ratschlagen. Obwohl er das mythologische Gewand nur noch als „äußerlichen Schmuck“[13] benutzt hatte, ja das ganze Poem als Parodie betrachtete, erfuhr er von seinem Leipziger Lehrer Clodius scharfe Kritik wegen des Gebrauchs mythologischer Figuren als einer „falschen, aus pedantischen Zeiten sich herschreibenden Gewohnheit“[14]: Der Barockparodist stieß noch 1766 mit dem unnachgiebigen Urteil der Aufklärung zusammen. Die Folge war zunächst, dass der verunsicherte Poet „jene Gottheiten“ nur noch für „hohle Scheingestalten“ hielt und vorerst das „ganze mythische Pantheon“ (eine Anspielung auf Pomeys Titel!) von sich warf.[15]

Die Liebe zu Ovid aber blieb, wurde jedoch auf eine harte Probe gestellt, als Herder in Straßburg Goethes unbefangene Freude an den *Metamorphosen* „auf's strengste“[16] tadelte. Goethe hatte bis dahin nur Herders *Kritische Wälder*, noch nicht seine *Fragmente* kennengelernt, die er erst in Wetzlar 1772 erstmals lesen wird.[17] Doch die darin hervorgehobene Unterscheidung zwischen einer bloßen Nachahmung und der schöpferischen Neubildung der Mythologie wurde ihm mündlich schon jetzt auf eine recht drastische Weise verdeutlicht. Herder verurteilte nämlich gerade Ovids *Metamorphosen* als bloße „Nachahmung des schon Dagewesenen“ und als „manierirte Darstellung“ durch einen „Übercultivirten“.[18] Umsonst verteidigte Goethe seinen Liebling als Dichter, seine „heitern und herrlichen Gegenden mit Göttern und Halbgöttern“, ihren Taten und Leidenschaften als „Natur“,[19] indem er intuitiv spürte, dass Ovid die Götter so konsequent anthropomorph dargestellt hatte wie kein Dichter zuvor[20]. Herder jedoch blieb bei seinem Verdikt Ovids als eines unschöpferischen Autors und wollte dessen offenkundige Erneuerungskraft nicht anerkennen. Unabhängig davon blieb das Wesentliche an diesem Disput, dass Herder dem jungen Goethe die Notwendigkeit eines neueren Gebrauchs der Mythologie, der schöpferischen Verwandlung der alten Bilder und Geschichten durch Ideen der eigenen Gegenwart, eingeschärft hat.

*

Die erste Probe aufs Exempel war Goethes pindarische Ode *Wandrers Sturmlied*[21], vielleicht in einer ersten Niederschrift schon im Sommer 1772 festgehalten, zur gleichen Zeit, als Goethe zum ersten Mal Herders *Fragmente* gelesen hat. Dieser 12-strophige Dithyrambus, gegliedert in vier Triaden, gestaltet unter dem Bild eines Wanderers, der einem Sturmgewitter entgegengeht, den Prozess einer Selbstvergewisserung des Dichters, der die eigene Schöpferkraft als „Genius“ apostrophiert und sich in dessen Schutze allen Widrigkeiten der Welt überlegen glaubt, die ihm in den Bildern des Regens, des Schloßensturms und des Schlammpfads begegnen. Aber nicht genug damit, will der Dichter sich an noch höheren Mächten messen und eröffnet deshalb auf einer zweiten Ebene eine mythologische Bilderreihe, die es ihm ermöglicht, den eigenen Genius mit verschiedenen Göttern zu konfrontieren. Zuerst setzt er den Sieg Apolls über die aus dem Sintflutschlamm erzeugte Pythonschlange mit der eigenen Überlegenheit, ja sich selbst mit „Pythius Apollo“ (17) gleich:

Das ist Wasser das ist Erde
Und der Sohn des Wassers und der Erde
Über den ich wandle Göttergleich (31–33)

Wenn dann in der nächsten Strophe dieses Schlammbild des Mythos, nur leicht variiert, nochmals erscheint:

Ihr [Musen] umschwebt mich und ich schwebe
Über Wasser über Erde
Göttergleich. (36–38)

dann werden Wasser und Erde zwar noch in einem Atemzug genannt, aber doch eher getrennt als gemischt, und wenn zudem aus dem Wandeln ein Schweben wird, changiert die mythologische Szene zum Bild aus der Genesis (1,2.9), wo vom Schweben des Geistes Gottes über den Wassern und von der Scheidung von Wasser und Erde die Rede ist. Dem Dithyrambiker genügt es also nicht, als ein zweiter Pythius Apollo nur Gefahren der Welt zu meistern; erst die Allmacht des biblischen Schöpfergottes scheint ihm ein Äquivalent für die eigene poetische Kraft zu sein, für die er damit die Fähigkeit zur Creatio ex nihilo beansprucht.

Zweifel an dieser seiner Gottgleichheit lassen ihn jedoch in den beiden noch folgenden Triaden (Strophe 7–12) wieder auf die mythologische Ebene zurückkehren, wo er nacheinander Bacchus, Phöbus Apollo und Jupiter Pluvius aufruft. Aber weder Bacchus, den er sich nicht als Dionysos, sondern als gemütlichen „Vater Bromius" (42) mit der Gabe des Weintrunks vorstellt, noch auch Phöbus Apollo, der ihn höchstens dazu bewegt, dem äußeren Glanz dieses Gottes die eigene „innre Wärme" (59) als sonnenunabhängig „entgegen glühen" (62) zu lassen, können den Ansprüchen dieses Dichters genügen. Erst in Jupiter Pluvius findet er den ihm gemäßen Gott:

Dich aus dem es quoll
Jupiter Pluvius.
Dich dich strömt mein Lied (74–76)

Das vom Dichter angestimmte dithyrambische Lied singt diesen Gott selbst, in ihm ist er gegenwärtig, so dass er auch den Sänger „fassend deckt" (84), ihn ganz umfängt und aus ihm spricht. Gegenüber solchem „Strömen" eines gotterfüllten Gesangs erscheint dem Dichter sogar der „Castalische Quell", sonst als Ursprung aller Dichtkunst geltend, nur noch als dürftiger „Nebenbach" für „müsige sterblich Glückliche" (78–81), abseits von Jupiter.

Götter also fungieren in diesem Gedicht als Symbolfiguren für verschiedene Dichtarten: für die weinselige Anakreontik, den hellen apollinischen Gesang, die stürmische und glühende Dithyrambik. Diese wertende Stufenfolge[22] spiegelt sich in den beiden letzten Strophen, die als Vertreter dieser Gattungen Anakreon, Theokrit und Pindar vorstellen, dabei die zwei Ersten als unernste Poeten fast verspotten und vor dieser Folie allein Pindar anerkennen, ja verherrlichen. Diese drei antiken Autoren sind aber selbst wieder Symbole für die Literaturentwicklung des späten 18. Jahrhunderts, wo die bisherigen sanften Poesien von pindarischer Sturmdichtung abgelöst werden sollen. Maßstab und Vollmacht für diese eigene poetische Tat holt sich unser Dichter aber weder von der gegenwärtigen noch von der antiken Literatur, sondern von einer eigenmächtig umgedeuteten Mythologie, worin Dionysos zum Bromius verharmlost, Apollo zu einem kalten Fürsten abgewertet und Jupiter zur regenbringenden, fruchtbaren, „sturmathmenden Gottheit" (93) stilisiert wird, damit er als Einziger die neue Dichtung nicht nur repräsentieren, sondern vollkommen mit ihr eins werden kann. Letzter Sinn des Gedichts ist also die Sakralisation der eigenen Poesie, ihre von Anfang an erstrebte Gottgleichheit, die freilich noch in den letzten Zeilen des Gedichts mit der Überwältigung des Wanderers durch den Sturm ihr abruptes Ende findet. Aber gerade dieses Eingeständnis der eigenen Schwäche bestätigt den Anspruch des Dichters, sich nur mit höchsten Mächten zu messen, auch wenn sich dies am Ende als Vermessenheit erweist.

Den gleichen Anspruch des Dichters, mit den Göttern ebenbürtig zu sein, erhebt kurz darauf Goethes Ode *Prometheus*[23], zwischen Herbst 1773 und Anfang 1775 entstanden, aber erst 1789 erstmals von ihm veröffentlicht. Prometheus galt allen Stürmern und Drängern im Anschluss an Shaftesburys Diktum: „Such a poet [scil. who „forms a whole, coherent and proportioned in itself"] is indeed a second Maker, a just Prometheus under Jove"[24] als Inbegriff ihrer eigenen genialen Schöpferkraft. Goethe greift dieses Bild auf, doch ist seine Ode eine einzige rebellische Rede gegen dieses „under Jove". Hatte *Wandrers Sturmlied* sich noch mit der sturmatmenden Gottheit des Jupiter Pluvius identisch erklärt und daraus die Gottgleichheit seines Dichters gefolgert, so will der Prometheus der Ode diese Ebenbürtigkeit gegen Zeus ertrotzen. Ein grundsätzlicher Antagonismus zwischen Gott und Nichtgott, zwischen Himmel und Erde wird aufgebaut. Zuerst spottet Prometheus des göttlichen Zornes, da er ihm sein Besitztum nicht rauben könne:

Musst mir meine Erde
Doch lassen stehn.

Und meine Hütte
Die du nicht gebaut,
Und meinen Heerd
Um dessen Glut
Du mich beneidest. (6–12)

Aus solcher Sicherheit selbstgeschaffenen Eigentums verachtet Prometheus die Götter ob ihrer Opfer- und Gebetsabhängigkeit und besonders Zeus wegen seiner Taubheit gegenüber den Hilferufen der Menschen und verweigert ihm daher jeden Dienst, jeden Dank, jede Ehrerbietung, da sein eigenes „heilig glühend Herz" „alles selbst vollendet" habe (31 f.). Die Aberkennung jeder Herrschaft des Zeus über ihn begründet Prometheus schließlich damit, dass „die allmächtige Zeit" und „das ewige Schicksaal" (42 f.) ihrer beider gemeinsame Herren seien, Zeus also nicht über, sondern neben Prometheus unter diesen beiden Mächten stehe. Aus solcher Entthronung des obersten Gottes folgt in der abschließenden Strophe die Szene, in der Prometheus Menschen nach seinem Bilde formt, ein ihm gleiches Geschlecht,

Zu leiden weinen
Geniessen und zu freuen sich,
Und dein nicht zu achten
Wie ich. (53–56)

Der Menschenbildner Prometheus schafft hier eine eigene, von Zeus unabhängige Welt, bekräftigt damit die Autonomie sowohl seiner selbst als auch seines Werkes und usurpiert dabei wieder das biblische Bild des Schöpfergottes, aber nicht wie das *Sturmlied* am noch unsicheren Anfang, sondern am Höhe- und Endpunkt seiner Rede, so dass die Eroberung der Gottgleichheit jetzt unumstößlich erscheint.

Nur diese Vorstellung des Menschenschöpfers folgt noch der mythologischen (und neuzeitlichen) Überlieferung des Prometheus-Symbols, aber schon die Rebellion gegen Zeus und ihre motivliche Ausgestaltung sind eine Goethe'sche Neuinterpretation der beiden Figuren. Denn wenn hier Prometheus Anklage gegen die Untätigkeit des „Schlafenden dadroben“ (35) erhebt, zeichnet er e contrario das empfindsame Bild eines Gottes, der sich des Bedrängten erbarmt, die Schmerzen des Beladenen lindert und die Tränen des Geängsteten stillt, was alles dieser Zeus vermissen lässt und darum verworfen wird. Das aber bedeutet, dass der Kläger die Realität eines persönlichen Gottes keineswegs leugnet, sondern bestätigt, dass er sich also weder zum Atheismus noch zum Pantheismus bekennt.[25] Hier werden ja Erwartungen formuliert, die noch ganz vom neutestamentlichen Gottesbild inspiriert sind, deren Nichterfüllung eine umso schmerzlichere Enttäuschung hervorruft und zur Selbsthilfe zwingt. Dadurch nun, dass dieser Prometheus von Zeus Eigenschaften des christlichen Gottes erwartet, zeichnet er das Bild einer göttlichen Transzendenz, die dem griechischen Zeus völlig fremd ist, zumal die Mythologie die beiden Titaniden als nahe Verwandte kennt. Die Ode hingegen betont die Kluft zwischen Göttlichem und Menschlichem, um Klage und Rebellion und Selbstermächtigung des die Menschenwelt vertretenden Prometheus umso leidenschaftlicher artikulieren zu können.

Blickt man von hier zum gleichnamigen Dramenfragment[26], das Goethe im Sommer und Frühherbst 1773, also etwa zur gleichen Zeit wie die Ode, geschrieben hat, so wird erkennbar, dass die Einseitigkeit des Rebellen der Ode im Drama einen gewissen Ausgleich erfährt. Zwar erscheint jetzt die Weigerung des Prometheus, den Göttern dienstbar zu sein, umso schroffer, als er hier – entgegen dem Mythos und im Unterschied zur Ode – als Sohn des Zeus eingeführt wird. Aber während Prometheus dem ersten Vermittler Merkur – nach aischyleischem Vorbild[27] – noch eine brüske Abfuhr erteilt, empfängt er die zweite Gesandte Minerva mit der Anrede „meine Göttin“ und bekennt eine völlige Übereinstimmung mit ihrem Wesen:

Und du bist meinem Geist
Was er sich selbst ist.
[...]
Und so mit dir und mir
So ein so innig
Ewig meine Liebe dir. (100–101, 114–116)

Diese Verbundenheit, ja Einheit des Prometheus mit der Göttin der Weisheit, Wissenschaft und Künste betont auf neue Weise die göttergleiche Schöpferkraft des Demiurgen, dem noch in der gleichen Szene Minerva die Vollmacht erteilt, seine Geschöpfe aus der Quelle des Schicksals mit Leben zu erfüllen, und ihm damit die Rolle des Zeus überträgt.

Dieses Bekenntnis des Prometheus zur Verbundenheit mit seiner Göttin Minerva korrespondiert mit der Erinnerung des Epimetheus an die frühere „Wonne" seines Bruders,

Wenn die Götter, du,
Die deinigen und Welt und Himmel all
Sich all ein innig ganzes fühlten. (84–86)

Beide Stellen bilden eine Brücke vom *Prometheus*-Fragment zur Ode *Ganymed* (1774)[28], worin gleichfalls der Mensch sich nach der Einheit mit Natur und Himmel sehnt und die Erfüllung seiner Wünsche erlebt. In diesem Gedicht erinnert aber nur noch der Name in der Überschrift an die mythische Fabel, deren Geschehen von Goethe hier fast ins Gegenteil umgedeutet wird. Während dort Ganymed von Zeus geraubt wird, um als Mundschenk im Olymp zu dienen, neigen sich hier Mensch und Gott gleichermaßen zueinander und erleben im „Umfangend umfangen" (29) ihre Unio mystica.

In den Oden *Prometheus* und *Ganymed* hat also Goethe mit durchgreifend neuem Gebrauch Bilder und Vorgänge aus der griechischen Mythologie entliehen und dies später im Zusammenhang der Entstehungsgeschichte seiner *Prometheus*-Dichtung damit begründet, dass gerade diese Mythologie „einen unerschöpflichen Reichthum göttlicher und menschlicher Symbole darbietet"[29]. Als Symbole verwertet sind hier zwei mögliche Beziehungen des Menschen zur Gottheit: das eine Mal die durch enttäuschte Liebe hervorgerufene Abkehr von einem transzendenten Gott und die daraus folgende Verselbstung des Menschen zu eigenem Schöpfertum, das andere Mal die sehnlich gewünschte Entselbstigung des Menschen in das pantheistisch erlebte Göttliche der Natur unter dem Bild des „allfreundlichen Vaters“ (31). Beide Oden hat Goethe seit seiner handschriftlichen Gedichtsammlung für Charlotte von Stein (1778) und in allen Werkausgaben stets zueinandergestellt. Daraus könnte man schließen, dass er damit einen Fortschritt von einer veralteten zu einer neuen Religiosität habe ausdrücken wollen. So hat es Jochen Schmidt interpretiert[30], und diese Deutung ist einleuchtend, wenn man die beiden Oden als Bekenntnisse des Sturm-und-Drang-Dichters wertet. Man kann ihre Zusammenstellung aber auch als erstes, vorwegnehmendes Bild eines erst später formulierten Goethe'schen Lebensgesetzes, nämlich der Polarität von Systole und Diastole lesen, die gleichberechtigt in ständigem Wechsel notwendig zueinander gehören.[31] Wenn man darüber hinaus bedenkt, dass in den Werkausgaben, also seit 1789, auf die beiden Oden zwei ebenfalls mythologisch inspirierte Gedichte, *Gränzen der Menschheit* (1781) und *Das Göttliche* (1783), folgen, wird klar, dass trotz aller Anklage der *Prometheus*-Ode die transzendente Gottheit auch im künftigen Werk des Dichters als poetische Vorstellung begegnen kann.

*

Jedenfalls gilt dies für die beiden soeben genannten Gedichte, die in Goethes erstem Weimarer Jahrzehnt seine religiöse Gedankenlyrik eröffnen. Beide betonen den ontologischen Abstand zwischen Göttern und Menschen, und zumindest *Gränzen der Menschheit*[32] bedient sich dabei erneut eines mythischen Bildes, wenn es mit dem „segnende Blitze“ säenden „uralten / Heiligen Vater“ (5; 1–29) noch einmal an Zeus denken lässt. Sonst aber spricht das Gedicht nur noch ganz allgemein von den „Göttern“, gegenüber deren Unendlichkeit und Ewigkeit die Grenzen des Menschseins hervorgehoben werden. Schon die ehrfurchtsvolle, ja unterwürfige Haltung des Sprechers dem göttlichen Vater gegenüber:

Küss' ich den letzten
Saum seines Kleides,
Kindliche Schauer
Treu in der Brust. (7–10)

erweist das Gedicht als ein völliges Gegenstück zur *Prometheus*-Ode und eröffnet eine Gedankenreihe, die in räumlichen und zeitlichen Bildern den unüberbrückbaren Unterschied zwischen Göttern und Menschen veranschaulicht. Weder der himmelstürmende Drang des Menschen noch sein Verharren auf der Erde können nunmehr eine Ebenbürtigkeit mit den Göttern erreichen, deren ewige Dauer zudem der menschlichen Sterblichkeit gegenübergestellt wird, ein Gegensatz, den auch noch die letzte Strophe bestätigt, wenn sie dem „kleinen Ring" „unseres Lebens" (37f.) die „unendliche Kette" (42) des göttlichen Daseins entgegensetzt.[33]

Das anschließende Gedicht *Das Göttliche*[34] trifft zwar gleichfalls die Unterscheidung zwischen Göttern und Menschen, bleibt aber nicht bei ihrer Abgrenzung stehen, sondern betont ihre Vergleichbarkeit im sittlichen Bereich. Wohl verlässt dieses Gedicht die mythologische Bildsphäre, ja spricht nicht einmal mehr von „Göttern", wahrt aber mit ihrer Umschreibung als „die Unsterblichen" (50) noch immer den Bezug zum antiken Götterbild (ἀθάνατοι, immortales), das aber nun durch die ethische Thematik ins Moderne umgedeutet wird. Verkündet die 1. Strophe, dass der edle, hilfreiche und gute Mensch sich „von allen Wesen, / Die wir kennen" (5–6), unterscheide, so fordert ihn die 2. Strophe auf, sich dafür den Göttern zu nähern:

Heil den unbekannten
Höhern Wesen,
Die wir ahnen!
Ihnen gleiche der Mensch;
Sein Beispiel lehr' uns
Jene glauben. (7–12)

Diese Götter sind keine festumrissenen Gestalten mit individuellen Namen mehr, sie sind zu „höhern Wesen" abstrahiert, deren damit betonte Transzendenz sie zwar „unbekannt" werden lässt, ihnen aber eine geheimnisvolle, erahnbare Existenz verleiht. Solche Ahnung des Menschen von den Göttern als einer wie auch immer verkörperten Idee des Guten begründet hier den Appell an den Menschen, ihnen zu „gleichen", sie als Muster der eigenen Sittlichkeit zu nehmen. Dieser Nachbildung wird zugleich die Kraft der Rückwirkung auf die Religiosität des Menschen zugeschrieben: Sein sittliches Verhalten soll den Glauben an die Götter ermöglichen.

Der Optativ dieser Anfangsstrophen verhindert eine anthropomorphe Göttervorstellung[35], hat vielmehr eine Gottebenbildlichkeit des Menschen, „das Göttliche" als Anlage im Menschen zur Voraussetzung. Nachdem der Mittelteil des Gedichts die Andeutung der 1. Strophe entfaltet, nämlich den Menschen mit seiner Fähigkeit des Unterscheidens, Richtens, Heilens und Rettens aus der „unfühlenden" Natur (13f.) herausgehoben hat, können die beiden letzten Strophen die anthropomorphe Perspektive für eine Als-ob-Konstruktion erklären und den Menschen als „Vorbild / Jener geahneten Wesen" (59f.) wünschen, ohne deren maßstabsetzende Existenz zu gefährden. Dabei gibt der eigentümliche Wechsel des Gedichts zwischen dem allgemeinen Begriff des „Menschen" und dem Pronomen der 1. Person Plural („wir, uns, unser") der diskursiven Erörterung einen persönlichen Ton und lässt zwischen den Zeilen ein ethisch-religiöses Bekenntnis hören, für das die Unsterblichen mehr als bloße Metapher sind.

*

Man hat in der Forschung schon des Öfteren darauf hingewiesen, dass ein Analogon zur religiösen Thematik dieses Gedichts um die gleiche Zeit in Goethes Schauspiel *Iphigenie auf Tauris* begegnet. Schon dessen 1. Prosafassung (1779) bringt die ethische Neudeutung des antiken Mythos, die dann in der späteren Versfassung (1786/87)[36] noch klarer zum Ausdruck kommt. Dabei folgt Goethe der Tragödie *Iphigenie im Taurerlande* des Euripides[37], die er wohl zuerst durch Brumoys französische Übersetzung[38] kennengelernt hat, nicht nur in Stoffwahl und Handlungsablauf, sondern auch in der kritischen Distanz der Menschen zu den Göttern. Denn schon bei Euripides zeigen die Götter kein klares, eindeutiges Bild mehr. Sie können kalt, grausam und willkürlich, aber auch gnädig und hilfreich erscheinen; je nach Augenblick und Situation erfahren sie vom Menschen Bitte und Dank oder aber Kritik und Zweifel, so dass in entscheidenden Momenten der Mensch sein Schicksal selbst in die Hand nimmt und damit sogar glaubt, den Göttern zu Hilfe zu kommen; so Orest zu Pylades:

> *[…] das Schicksal, glaube mir,*
> *Steht nun bei uns und wer sich ganz bemüht,*
> *Der stärkt die Götterkraft, die ihn beschützt.* (909–911)

Auch die Seherspüche und Orakel bieten keine Gewähr mehr; sie können, wie die Götter selbst, trügerisch-verhängnisvoll oder hilfreich-rettend sein. In dieser Zweifelsituation fordert Iphigenie bei Euripides von Artemis, sie zu retten, um dadurch den Spruch ihres göttlichen Bruders zu bewahrheiten:

> *Rett uns auch heute! Daß nicht deinethalb*
> *Der Mensch bezweifle Phoibos' hohes Wort!* (1084f.)

Diese euripideische Distanz der Menschen zu den Göttern muss man als Vorgabe bedenken, um Goethes weiteren Schritt zur modernen Seelenproblematik seiner Figuren und ihrer damit korrespondierenden neuen Beziehung zu den Göttern voll zu ermessen.

Eine schon bei Euripides angedeutete Gefühlswelt (Sehnsucht nach der Heimat, Familienverbundenheit, Freundestreue und Geschwisterliebe) hat Goethe zu einer hochsensiblen Seelenkultur im Sinne der zeitgenössischen Empfindsamkeit gesteigert. Und wie diese die religiöse Bewegung des Pietismus zur Quelle hat, so gründet die Gefühlswelt der Figuren in Goethes *Iphigenie* auf ihrer Bindung an die Götter, von der sie sowohl ihre religiösen als auch ihre ethischen Prinzipien empfangen.

Dieser Zusammenhang ist vor allem bei den Hauptgestalten Iphigenie und Orest evident. Die ersten drei Aufzüge zeigen die Priesterin Dianas voller Dankbarkeit gegenüber den Göttern sowohl für ihre Rettung vor dem Tode als auch für ihre Bewahrung in Tauris zur frohen Rückkehr ins ersehnte Griechenland. Auch ihre Gespräche mit Orest, in denen sich die stufenweise Wiedererkennung der Geschwister und die Heilung Orests vollziehen, werden immer wieder von Dank-, Klage- und Bittgebeten Iphigenies begleitet, die von ihrem tiefen Vertrauen zu den Göttern Zeugnis geben. In genauem Gegensatz dazu bezichtigt der von den Furien gehetzte Orest die Götter, sie hätten ihn „zum Schlächter auserkoren“ (707) und „durch ihren Wink zu Grund’ gerichtet“ (710), nämlich durch das Orakel getäuscht, das ihm Rettung in Tauris nur verheißen habe, um ihn dort dem Tode auszuliefern. Dieses düstere Misstrauen gegen „der Götter Rath“ (733) lässt ihn auch aus der Wiedererkennung der Geschwister keine neue Hoffnung schöpfen, sondern darin nur eine letzte Steigerung des Fluchs erblicken, so dass er in ekstatischen Sätzen seine Opferung vorwegnimmt und, in Ermattung gesunken, die erwünschte Ankunft im Hades zu erleben glaubt. Sobald er aber dort im Bereich der ihn bisher verfolgenden „Schreckensgötter“ (1160) überraschend die Vision einer freundlichen Begegnung mit den friedlich miteinander wandelnden Ahnherren als eine Wiederholung der ihn rückhaltlos anerkennenden Liebe seiner Schwester erfährt[39], fühlt er sich beim Wiedererwachen in ihren Armen vom Fluche der Unterirdischen befreit und richtet nun gleichfalls ein Dankgebet an die von ihm neu gesehenen Götter. Darin umschreibt er ihre Heilstaten in der Bildfolge von Gewitter, gnädigem Regen und Friedensbogen und deutet damit seine Leiden wie auch deren gutes Ende als aus den Händen der Götter empfangen. Daraus geht hervor, dass weder Orest sich selbst erlöst hat noch Iphigenie ihn aus eigener Kraft hat heilen können.[40] Sie hatte ja auch nicht davon gesprochen, dass „der reinen Schwester Segenswort“ diese Heilkraft selbst besitze, wohl aber, dass es „hülfreiche Götter vom Olympus rufen“ könne (1166f.), was dann in ihrem wiederholten Gebet um Rettung ihres Bruders von Wahn und Fluch geschehen ist.

Die Heilung Orests ist auch in religiöser Hinsicht „die Achse des Stücks“[41], die bei den Geschwistern fast einen Tausch ihres bisherigen Verhältnisses zu den Göttern bewirkt. Orest vertraut von nun an ganz auf deren Gunst und will mit neuer Tatkraft, notfalls mit List und Gewalt, die Bedingungen des Orakels für ihre gemeinsame Rettung erfüllen. Iphigenie hingegen stürzt dieser Betrugsplan plötzlich in ungeahnte Zweifel an der Güte der Himmlischen, weil der Orakelspruch die verheißene Heimkehr an das für sie „doppelte Laster“ (1707) von Tempelraub und Lüge gegen Thoas knüpft. Zwar wendet Pylades ein, diesen Plan gebiete die eherne Not, der selbst Götter unterworfen seien, und erinnert damit an den Entschluss des euripideischen Orest, mehr dem Schicksal als den Göttern zu vertrauen. Doch dies kann Goethes Iphigenie nicht beruhigen. Denn ihr Glaube an die Macht der Götter ist so stark, dass sie in ihnen – ganz unantikisch – keine Untertanen des Schicksals erblicken kann, vielmehr die „taube Noth“ (1707), das Junktim von Rettung und Laster, als von den Göttern selbst auferlegt betrachten muss. Die daraus erwachsende Furcht, nun auch selbst dem Fluch ihres Hauses verfallen zu sein und also vom tiefen Hass der Titanen auf die Olympier erfasst zu werden, weckt in Iphigenie die verzweifelte Bitte an ebendiese neuen Götter:

Rettet mich,
Und rettet euer Bild in meiner Seele! (1716f.)

Hatte die euripideische Iphigenie Artemis zur Rettung aufgefordert, damit das hohe, strikt zu befolgende Wort Apollos nicht bezweifelt werde, so fleht Goethes Iphigenie umgekehrt um Befreiung vom Orakelbefehl, weil er die Reinheit ihres Herzens und zugleich ihr bisheriges Bild der diese Reinheit schützenden, gnädigen und segensreichen Götter bedroht. Wie tief die Verzweiflung Iphigenies reicht, kann man daran erkennen, dass nach diesem Hilfeschrei in ihr die Erinnerung an das gern vergessene Lied der Parzen aufsteigt, das mit der erbarmungslosen Willkürherrschaft der Götter über die Titanen, über Tantalus und seine Nachkommen das alte Bild der Olympier heraufbeschwört.

Um dieses alte Bild und den damit verknüpften Fluch endgültig zu überwinden, entscheidet sich Iphigenie gegen das die List aufzwingende Orakel und für das neue Bild der Götter in ihrer Seele[42], gegen die Lüge und für die Wahrheit: Sie entdeckt Thoas den Betrugsplan und gibt damit sich und die Ihren in seine Hand. Sie wagt aber diese „unerhörte That“ (1892) nicht, ohne zuvor die Götter um ihre Mithilfe bei diesem „kühnen Unternehmen“ (1913) zu bitten:

Wenn
Ihr wahrhaft seid, wie ihr gepriesen werdet;
So zeigt's durch euern Beistand und verherrlicht
Durch mich die Wahrheit! (1916–1919)

Das Wort „wahrhaft“ ist hier doppelsinnig: Es ist Prädikatsnomen (‚wahrhaftig‘) und zugleich Adverb (‚wahrlich, wirklich‘) und deutet damit an, dass für Iphigenie Wahrhaftigkeit und Sein der Götter identisch sind.[43] Sie beruft sich also auf die Wahrhaftigkeit als den Existenzgrund der Götter, und wenn sie dabei ihren Appell in einen Konditionalsatz kleidet, stellt sie nicht die Existenz der Götter in Frage, deren Hilfe sie in ihrer lebensbedrohlichen Situation mit jeder Faser ihres Herzens wünschen muss; vielmehr fordert sie damit die Götter zum Bekenntnis ihres Wesens heraus, verpflichtet sie zur Bestätigung ihres Bildes, das sie von jeher in sich trägt.[44] Diese gegenüber der Antike neue Distanz zu den Göttern will ihnen keine Laune und keine Willkür mehr zugestehen, fordert von ihnen vielmehr die Beständigkeit eines Ideals, das auch und gerade im ethischen Bereich dem Menschen Vorbild sein kann und soll. Durch den Appell: „Verherrlicht durch mich die Wahrheit!“ übernimmt Iphigenie gar die Rolle einer Vermittlerin des Göttlichen, so dass sie nun auch umgekehrt zum „Vorbild jener geahneten Wesen“ werden kann. So ergibt sich für das Drama das gleiche reziproke Verhältnis wie im Gedicht *Das Göttliche*. Das aber bedeutet: Das selbständige Denken und Handeln Iphigenies geschieht nicht eigengesetzlich (autonom)[45], sondern im Einklang mit dem wahrhaften Wesen der Götter, die „durch unser Herz zu uns reden“ (494). Diese „Stimme der Wahrheit und der Menschlichkeit“ (1937f.) ist für Iphigenie göttlichen Ursprungs[46] und darum nicht nur für sie, sondern für alle Menschen guten Willens vernehmbar und verbindlich, was sie gegenüber Thoas mit Mut und wachsender Zuversicht vertritt. Zu diesem neuen Glauben an wahrhafte und menschenfreundliche Götter passt schließlich die Umdeutung des Orakels durch Orest, der damit wie seine Schwester vom alten Bild göttlicher Willkür Abschied nimmt und dafür die glückliche Verknüpfung ihrer beiden Schicksale als ein von „der Göttin Rath“ (2127) lange zubereitetes Geschenk erkennt.

In keinem anderen Drama Goethes spielen die antiken Götter eine so zentrale Rolle wie in *Iphigenie auf Tauris*. Wohl greifen sie nicht mehr wie in der mythologischen Vorlage unmittelbar in die Handlung ein; dafür bestimmen sie umso mehr das innere Geschehen vor allem der Hauptgestalten. Deren lebhaft-spannungsreiche Beziehung zu den Göttern ist mit Hingabe und Vertrauen, Anklage und Herausforderung und dennoch unbeirrbarer Glaubenskraft so intensiv gestaltet, dass ihre Gesinnungen und Taten und die damit verkündete Humanitätsidee nur von diesem religiösen Grund her verständlich werden. Schon Karl Reinhardt und Arthur Henkel[47] haben darauf hingewiesen, dass auch Goethe selbst in Briefen und Tagebüchern der späten siebziger Jahre ähnlich vertrauensvoll wie seine Iphigenie von und sogar zu den „Göttern" spricht. Damit wird deutlich, dass für kurze Zeit in Goethes Poesie und Leben die antiken Götter Gegenstand moderner Frömmigkeit werden konnten, indem ihnen mit den Werten des Ewigen, Wahren, Guten Eigenschaften des christlichen Gottesbildes zugesprochen wurden – eine Umdeutung der antiken Götter, die als Nachhall der pietistischen Phase Goethes gelten kann.

*

Mit dem Italienerlebnis Goethes ändert sich die Funktion der antiken Götter in seiner Dichtung. In Rom nahm er an den Studien von Karl Philipp Moritz zu einer *Götterlehre* teil, die dieser als „mythologische Dichtungen der Alten", mithin als „Sprache der Phantasie" und „Welt für sich" versteht – ohne alle abstrakten und metaphysischen Begriffe (wie Unendlichkeit, Ewigkeit, Allgegenwart).[48] Moritz geht damit konsequent den schon von den Schweizern und dem jungen Herder eingeschlagenen Weg[49] von der theologischen zur ästhetischen Auffassung der Mythologie weiter. Folgerichtig besteht seine Götter- und Heroenwelt aus klar umgrenzten Gestalten und Geschichten, die zudem an älteste Begebenheiten anknüpfen und sich deshalb nicht in bloße Allegorien auflösen. Gefördert, vielleicht sogar grundgelegt wurde solche ästhetische Auffassung durch das Erlebnis der Statuen und Gemmenbilder aus der Antike, in denen dem römischen Freundeskreis die Götter als konkrete Kunstgestalten entgegentraten. Und wie Moritz daran arbeitete, „eine Götterlehre der Alten in rein menschlichem Sinne zu schreiben"[50], so hat auch Goethe bald nach der Rückkehr aus Italien in den *Römischen Elegien* (1788–1790)[51] eine Auswahl antiker Götter als festumrissene individuelle Gestalten mit nur noch ästhetischer, nicht mehr religiöser Verbindlichkeit in den poetischen Raum seiner römischen Erlebnisse eingeführt.

Hierbei lassen sich verschiedene Stufen ihrer Verbildlichung unterscheiden. Kaum schon der Allegorie entwachsen erscheint die Göttin

„Gelegenheit" (in der IV. Elegie), die trotz ausführlicher Beschreibung ihrer Attribute noch immer Personifikation eines abstrakten Begriffes bleibt. Auch Amor steht hier noch meist für den bloßen Begriff der Liebe; doch erhält er manchmal schon individuelle Charakterzüge, wenn er als schalkhafter Verführer, als fürstlicher Gebieter oder vertraulicher Gefährte die Liebenden begleitet und schützt und so zum lebendigen Sinnbild dieser römischen Liebe wird; zugleich erscheint Amor als zeitüberdauernder Patron der Liebesdichtung, der durch den „nämlichen Dienst" (V. Elegie, 20) die Brücke von den römischen Elegikern zum modernen Dichter schlägt. Daneben kann Goethe konkrete Götterbilder in den *Römischen Elegien* auch als Gleichnisse einführen, um die Erfahrung des Ich in mythologischen Parallelen zu spiegeln: So zählt die III. Elegie Beispiele der raschen Liebe bei Göttern und Heroen auf, um die schnelle Hingabe der Geliebten zu sanktionieren; so erfüllt die XI. Elegie Götterstatuen mit dem Leben souveräner Gesten und zärtlicher Blicke, um die Werkstatt des Künstlers in ein Pantheon zu verwandeln; so schildert der Liebende in der XII. Elegie die Mysterien des Eleusinischen Festes als Erneuerung der Demeter-Hochzeit, um als später Neuling mit der Geliebten das gleiche Fest zu begehen. Immer wird durch solche Analogien zwischen Göttlichem und Menschlichem das Erlebnis des Ich ins Große, Festliche und Erhabene und damit ins Immergültige gehoben.[52] Nur einmal scheinen die *Römischen Elegien* einer Göttererscheinung wieder religiöse Bedeutung zu geben. Es ist die Traumvision der VII. Elegie, die den romseligen Dichter auf dem Kapitol Jupiter schauen lässt:

Ach! hier lieg' ich, und strecke nach deinen Knieen die Hände
Flehend aus. O vernimm, Jupiter Xenius, mich! (13–14)

Die von voritalienischen Gedichten her vertraute demütige, ja unterwürfige Geste des Sterblichen vor der Gottheit kehrt hier wieder, sogar eine unmittelbare, um Gunst und Duldung bittende Begegnung mit dem Gotte wird jetzt imaginiert. Aber wenn hier der „Capitolinische Berg" (24) als ein zweiter Olymp gedeutet und Jupiter auf seinem römischen Thron vornehmlich als Beschützer des Gastrechts angerufen wird, dann gewinnt auch diese Vision als ein die Gastfreundschaft Roms sakralisierendes Traumbild nicht den Charakter eines religiösen Bekenntnisses, sondern verharrt wie die anderen Götterbilder des Zyklus, wenn auch als ein besonders feierliches, ja dramatisches Beispiel, im ästhetischen Raum.

*

In späterer Zeit, um und nach 1800, lassen sich vor allem in drei Werken Goethes neue Variationen seines Gebrauchs der Mythologie und also auch der antiken Götterwelt feststellen: im *Achilleis*-Fragment (1799), im Festspiel *Pandora* (1808) und zuletzt in der „Klassischen Walpurgisnacht" (1826–1830) von *Faust II.*

Obwohl Goethe mit seinem Epos *Achilleis*[53] die *Ilias* Homers fortsetzen und dabei „den Alten" genau „folgen"[54] wollte, bringt schon der einzige ausgeführte Erste Gesang in das homerische Götterbild unverkennbar moderne Züge.[55] In der *Ilias* ist das irdische Geschehen völlig abhängig vom Willen, ja der Willkür der Götter, die ihre Beschlüsse durch ständige Eingriffe in die Handlung mit List und Gewalt durchsetzen. Damit ist das menschliche Schicksal ganz in das Kraftfeld der Götter gestellt, und das bedeutet, dass Götter und Menschen bei Homer auf der gleichen Wirklichkeitsebene agieren. Im Unterschied dazu beschließt in Goethes *Achilleis*-Gesang die Götterversammlung nicht über das irdische Geschehen, die künftige Handlung wird von ihr nicht vorherbestimmt. Deutlich zeigt dies der Streit zwischen Zeus und Here über die Macht des Schicksals (230–301). Zeus entgegnet auf die Klage der Thetis um den unausweichlich frühen Tod ihres Sohnes Achill, dass die Hoffnung, „die schmeichelnde Göttin" (236), schon oft das „eherne Schicksal" (240) und selbst den Hades (239–246) umgestimmt habe, dass also die Zukunft des Menschen offen sei. Das erinnert an das letzte der *Urworte. Orphisch* (1817)[56], das die Elpis nicht im frühgriechischen Sinne als täuschende Illusion, sondern im Goethe'schen Sinne als Trösterin des Menschen, ja als Überwinderin der Ananke versteht.[57] Dem widerspricht zwar Here, indem sie sich zur ewigen Herrschaft der Themis (als eines immergültigen Gesetzes) über Götter und Menschen bekennt, doch zeigt sich Zeus davon unbeeindruckt, so dass hier der Antagonismus von Hoffnung und Schicksal unentschieden bleibt.

Vollends unhomerisch gestaltet Goethe dann aber die Begegnung der Pallas Athene mit Achill (422–618). Wie schon die Götterversammlung, so stellt auch diese Begegnung bei Goethe kein Handlungsmovens dar (wie etwa in Ilias 1, 194–222), vielmehr beschränkt auch sie sich auf Gespräch, Erörterung, Reflexion. Athene, die hier in der Gestalt des jungen Antilochos erscheint, vermag dabei mit ihren aufmunternden Reden die düsteren Gedanken Achills an Grab und frühen Tod ins Weite und Hohe seines unsterblichen Ruhmes zu richten und aufzuhellen, ihn so über die irdische Enge hinauszuheben und schon jetzt am göttlichen Leben teilnehmen zu lassen, wie es Here ihr aufgetragen hatte:

Steige hinab zum Peliden und fülle mit göttlichem Leben
Seinen Busen, damit er vor allen sterblichen Menschen
Heute der glücklichste sei, des künftigen Ruhmes gedenkend,
Und ihm der Stunde Hand die Fülle des Ewigen reiche. (394–397)

Es ist der Goethe'sche „Augenblick“[58], in dem der Mensch die zeitlose Dauer seines Daseins erlebt, und wenn dieses Geschenk hier von den Göttern kommt, erscheint deren Sphäre im Unterschied zu Homer als eine ideale Welt, die der Mensch nur in geistiger Vorstellung erfahren kann. Das aber bedeutet, dass Götter und Menschen hier nicht mehr, wie bei Homer, der gleichen Wirklichkeit angehören, die Götterwelt vielmehr als Fiktion in der Fiktion des Epos erscheint, weshalb denn auch Goethes Achill die Göttin Athene nicht als solche erkennt, sondern nur mit Antilochos zu reden glaubt.

Mit dem Festspiel *Pandora* (1808)[59] kehrt Goethe nach Jahrzehnten zur Prometheus-Sage zurück, setzt aber jetzt neue Akzente. In diesem Dramenfragment wird Pandorens Wiederkunft von den beiden ungleichen Brüdern Prometheus und Epimetheus auf höchst unterschiedliche Weise erwartet. Prometheus wünscht sie nicht zurück und würde dieses zweifelhafte Göttergeschenk erneut ablehnen, Epimetheus jedoch verzehrt sich fast in der Sehnsucht nach der Verlorenen. Weder der rastlos Tätige noch der Vergangenem Nachsinnende wären fähig, die wiederkehrende Pandora gebührend aufzunehmen. Nur ihre beiden Kinder, die von gegenseitiger Leidenschaft, von Liebesschmerz und Todeswunsch erfüllten Phileros und Epimeleia, bringen höheres Leben in die starre Welt der Väter und bahnen Pandorens Wiederkunft den Weg.[60] So ist denn auch erst in der letzten Szene des Fragments von Göttern und ihrer Hilfe für die neue Generation die Rede. Als Prometheus von der

Göttin Eos die Rettung seines sich in die Fluten stürzenden Sohnes erfährt, wird ihm bedeutet, dass nicht seine väterliche Sorge und Klugheit diese Rettung bewirke, sondern

Dießmal bringt der Götter Wille,
Bringt des Lebens eignes, reines,
Unverwüstliches Bestreben
Neugeboren ihn zurück. (992–995)

Hier wird „der Götter Wille" für einen Augenblick mit der Lebenskraft des Menschen, Gott mit der Natur gleichgesetzt, dann aber unterscheiden die Schlussworte der Eos doch wieder deutlich zwischen oben und unten, zwischen dem göttlichen und dem nichtgöttlichen Bereich:

Was zu wünschen ist, ihr unten fühlt es;
Was zu geben sei, die wissen's droben.
Groß beginnet ihr Titanen; aber leiten
Zu dem ewig Guten, ewig Schönen,
Ist der Götter Werk; die laßt gewähren! (1082–1086)

Es ist Goethes letztes Wort zur Welt der Titanen. Deutlich ist jetzt seine Distanz zum titanischen Schaffen, dem er nur den Gewinn einer ersten, technisch-kriegerischen Kulturstufe zuerkennt. Den Weg zum „ewig Guten, ewig Schönen", zur Vollendung der Kultur, eröffnen für ihn erst die olympischen Götter, womit er Iphigenies Bekenntnis zum neuen, humanen Götterbild bekräftigt, so dass jetzt auch Pandora als Geschenk dieser Götter an die Menschen jeden gefahrvoll-verderbenbringenden Charakter verliert.

Zuletzt hat Goethe in der „Klassischen Walpurgisnacht" (1826–1830)[61] von *Faust II* die antike Götterwelt aus einer überraschend neuen Perspektive gesehen.[62] Denn in dieser mythologischen Geisternacht werden auch die Götter in den allgemeinen Prozess des „in einer Folge von Steigerungen vom Tiefsten ins Höchste fortschreitenden Lebens"[63] einbezogen. Diese Evolution reicht von Gespenstern und Dämonen über Erdgottheiten und Wassergeister bis hin zur vollendeten Gestalt. Deshalb begegnen den drei Griechenlandfahrern Faust, Mephistopheles und Homunculus zuerst Sphinxe, Greifen und Sirenen aus elementarer, vorheroischer Zeit, die Faust auf seine Frage nach Helena keine Auskunft geben können, weil sie nicht in die Zeit nach Herkules, dem Überwinder der Urgestalten, hinaufreichen; doch verweisen sie auf Chiron, der zwar noch halbdämonischer Kentaur ist, aber doch schon Erzieher von Heroen war und also Faust den Weg zu Helena vermitteln kann. Während Mephistopheles bei seiner Verwandlung vom nordisch Bösen zum antikisch Hässlichen auf der primitiven Stufe der sich selbst „des Chaos Töchter" (8028) nennenden Phorkyaden verharrt, wird Homunculus nach dem Erdbeben und der anschließenden Kontroverse zwischen Anaxagoras und Thales über Vulkanismus und Neptunismus zu Letzterem bekehrt, daraufhin von Thales zum Meerfest in den Felsbuchten der Ägäis eingeladen und so zum Ursprungs- und Zielort seiner künftigen vollständigen Evolution vom kleinsten Wassergeschöpf bis zum Menschen geführt.

Denn dieses Fest versammelt eine Fülle von Meerwundern schon anmutiger, wenn auch noch halb menschlicher, halb tierischer Gestalt, wie die Nereiden und Tritonen, dazu wieder die Sirenen, die sich inzwischen von krallenbewehrten Ungeheuern zu einem Kunst und Leben preisenden Chor veredelt haben. Um aber in solche naturhafte Evolution die Genese der Götter einzubinden, lässt Goethe die Nereiden und Tritonen urtümliche Gottheiten aus Samothrake, die zwerghaften Kabiren, „die sich immerfort selbst erzeugen" (8076) und sich immer nach Verwirklichung sehnen, als Symbole „der im ganzen Weltall immer dauernden Theurgie"[64] in Gestalt von Kultfiguren zum Fest des allgemeinen Werdens herbeitragen. Am Ende begrüßt der alte Meergott Nereus die lieblichste seiner Töchter, Galatee, die venusgleich auf delphingezogenem Muschelwagen erscheint und von den Sirenen als das endlich erreichte gemeinsame Ziel von naturhafter und göttlicher Genese gepriesen wird:

Ernst, den Göttern gleich zu schauen,
Würdiger Unsterblichkeit,
Doch wie holde Menschenfrauen
Lockender Anmuthigkeit. (8387–8390)

Mit Galatee ist also nicht nur „der schöne Mensch" als „das letzte Product der sich immer steigernden Natur"[65] erreicht; sie lässt zugleich die schöne Menschengestalt als die endliche Blume der Entfaltung des Göttlichen erkennen. Damit steht Galatee auf der Stufe der olympischen Götter, die ja für Goethe seit Italien ihr volles Wesen erst als sinnlich-schöne Gestalten in Dichtung und bildender Kunst gewinnen: „Zeus wurde erst durch das Olympische Bild vollendet.“[66] Wenn daher die schöne Gestalt als der Höhe- und Endpunkt der Evolution verstanden wird, ist im Geschehen der „Klassischen Walpurgisnacht“ die Genese der olympischen Götter mitgedacht; denn nur in ihrem Raum ist das Erscheinen der Zeustochter Helena, des Inbegriffs der Schönheit im Sinne einer naturhaften und zugleich kulturellen Vollkommenheit[67], möglich. Darum gehört zu den Antezedentien Helenas in Goethes *Faust II* sowohl die Evolution der Natur als auch die darin sich vollziehende Vollendung des Göttlichen.

Bei diesem seinem letzten Gebrauch der antiken Götter hat Goethe in einem grandiosen Drama der Evolution vom Chaos zum Eros, vom Gespenstischen über das Heroische zum Schönen Gott und Mensch, Gott und Natur in eins gesetzt und darin nicht nur sein pantheistisches Weltbild gespiegelt, sondern darüber hinaus einen neuen eigenen Mythos der Metamorphose geschaffen. Alle antiken Gestalten dieser Geisternacht und also auch die Götter führen darin kein Eigenleben, sondern dienen als Bilder und Symbole für Entwicklungsstufen des Lebens, besitzen also eine rein poetisch-ästhetische Funktion.

*

Überblicken wir noch einmal unseren Weg: Goethes lebenslanger Gebrauch der antiken Götterwelt in seinen Dichtungen ist von Herder grundgelegt worden, der die modernen Dichter aufgefordert hatte, die Mythologie als poetische Fiktion zu verstehen und zu verwerten. Der junge Goethe macht davon Gebrauch, um in Hymnen die Gottgleichheit der dichterischen Schöpferkraft zu verkünden, der frühe Weimarer Dichter, um in gedankenlyrischen Versen den ontologischen Abstand zwischen Göttern und Menschen, aber auch ihre Vergleichbarkeit im Sittlichen zu betonen. Diese Auffassung vertieft das Schauspiel *Iphigenie auf Tauris,* dessen Humanitätsideal nur von der spannungsreichen, aber glaubensstarken Religiosität der Hauptgestalten her zu verstehen ist. Es ist die kurze Zeit, in der Goethes Poesie den antiken Göttern mit den

Werten des Ewigen, Wahren, Guten Eigenschaften des christlichen Gottesbildes zugesprochen hat.

Mit Goethes Italienerlebnis ändert sich die Funktion der antiken Götter in seiner Dichtung, indem er den schon von Herder und nun auch von Moritz propagierten Weg vom theologischen zum ästhetischen Verständnis der Mythologie weitergeht. Schon in den *Römischen Elegien* besitzen die Götter nur noch poetische, nicht mehr religiöse Verbindlichkeit. Dieser rein ästhetische Gebrauch dominiert auch in Goethes Spätwerk. Während das Festspiel *Pandora* noch einmal Iphigenies Bekenntnis zum humanen Götterbild bekräftigt, entrückt das *Achilleis*-Fragment die homerischen Götter in eine fiktive Idealwelt, und in der „Klassischen Walpurgisnacht" von *Faust II* werden Gott und Mensch in eins gesetzt und bilden das Symbol des Schönen als des endlichen Ziels aller Metamorphose.

West-östliche Glaubenswelten in Goethes *Divan*

Wenn Islam *Gott ergeben heißt,*
In Islam leben und sterben wir alle.
Divan, Buch der Sprüche

Wenn wir uns zum Schluss mit Goethes *West-östlichem Divan* und den darin behandelten Glaubenswelten beschäftigen, müssen wir zuvor nach den biographischen und zeitgeschichtlichen Umständen fragen, die Goethe veranlasst haben, sich seit 1814 überraschend dem Orient zuzuwenden und in den folgenden Jahren mit steigender Intensität in diese uranfängliche Welt zu vertiefen. 1814 war zwar nach jahrzehntelangen Kriegswirren endlich Waffenruhe in Europa eingekehrt, Napoleon nach Elba verbannt, aber der langersehnte Frieden war, wie sich ein Jahr später herausstellen sollte, wieder bedroht, die Zeit blieb noch immer von politischen Unruhen und Krisen geschüttelt, und so hat sich Goethe in diesen Jahren vom militärisch-politischen Getümmel bewusst ferngehalten, ja sich „auf das Entfernteste"[1] geworfen (u. a. auf chinesische Studien, auf Lektüre von Reisebeschreibungen und von *Tausendundeine Nacht*). In diese Stimmung hinein fällt am 7. Juni 1814 die Bekanntschaft mit einem Buch, das ihm sein Verleger Cotta soeben geschenkt hatte und das den Titel trug: „Der Diwan von Mohammed Schemsed-din Hafis. Aus dem Persischen zum erstenmal ganz übersetzt von Joseph v. Hammer" (2 Theile. Stuttgart und Tübingen 1812–1813; erschienen 1814). In diesem Buch lernte Goethe die Dichtungen dieses persischen Lyrikers aus dem 14. Jahrhundert erstmals im Zusammenhang kennen und war überrascht, in Hafis über die Jahrhunderte hinweg einen Geistesverwandten, ja einen Zwillingsbruder im Reich der Dichtung zu entdecken. „Ich mußte mich dagegen productiv verhalten", schrieb Goethe im Rückblick, „weil ich sonst vor der mächtigen Erscheinung nicht hätte bestehen können."[2] Und so hat Hafis den westlichen Dichter zu einem neuen lyrischen Schaffen ohnegleichen inspiriert, zugleich aber auch zu einer imaginären Reise in den gesamten Orient angeregt. Über Jahre hinweg hat Goethe die kulturelle, politische und religiöse Welt des Ostens in Geschichte und Gegenwart erkundet und ergründet. Doppelfrucht dieser Studienreise waren „des Divans Poesie und Prose“[3], nämlich der in zwölf Bücher gegliederte Gedichtzyklus und sein Prosa-Anhang, die „Noten und Abhandlungen zu besserem Verständniß des West-östlichen Divans“.

Im Eröffnungsgedicht[4] des *Divan* fordert sich der westliche Dichter selbst zur Flucht in den Osten auf und begründet auch diesen Schritt:

Nord und West und Süd zersplittern,
Throne bersten, Reiche zittern,
Flüchte du, im reinen Osten
Patriarchenluft zu kosten,
Unter Lieben, Trinken, Singen
Soll dich Chisers Quell verjüngen. (1–6)

Dem zerrütteten Westen wird der reine, unverdorbene, ursprüngliche Osten als wünschenswertes Fluchtziel entgegengesetzt, und es wird zunächst an die „Patriarchenluft“, an die Welt der Erzväter erinnert, die schon dem Heranwachsenden bei der Lektüre des Buches Genesis eigentümlichen Frieden geschenkt hatte.[5] Schon diese frühe, erfrischende Begegnung mit dem Orient des Alten Testaments begründet hier zwischen den Zeilen, weshalb jetzt die rettende Flucht erneut in diesen Osten führen soll. „Chisers Quell“, ein vom Propheten Chiser gehüteter Jungbrunnen, steigert das Motiv der Erfrischung zu dem der Verjüngung: Der Osten verheißt dem Westländer eine Art Wiedergeburt, und darauf spielt auch die Überschrift des Gedichts: *Hegire* an; denn mit diesem französischen Ausdruck für „Hedschra“, für die Flucht Mohammeds von Mekka nach Medina im Jahr 622 n. Chr. und für den Beginn der islamischen Zeitrechnung, deutet der Westländer auch die eigene Flucht als Beginn eines neuen Lebens.

Mit „Lieben, Trinken, Singen“ werden schon hier zentrale Themen des *Divan* angekündigt; dazu gehört auch das Glaubensthema, das nun in der 2. Strophe des Gedichts entfaltet wird:

Dort im Reinen und im Rechten
Will ich menschlichen Geschlechten
In des Ursprungs Tiefe dringen,
Wo sie noch von Gott empfingen
Himmelslehr' in Erdesprachen,
Und sich nicht den Kopf zerbrachen. (7–12)

Wenn hier der Dichter in die Tiefe des Ursprungs der ganzen Menschheit hinabsteigen will, so denkt er an alle drei Offenbarungsreligionen, die im Orient entstanden sind, wo im Judentum wie im Christentum und im Islam Gott sich den Menschen in „Erdesprachen", also in menschlicher, dem Menschen verständlicher Sprache unmittelbar mitgeteilt hat, und die Menschen diese Offenbarung gläubig entgegengenommen haben „und sich nicht den Kopf zerbrachen", d. h. noch keine kritische Theologie gekannt haben.

Eine Fortsetzung und gewisse Abrundung erfährt dieser Gedanke in der 3. Strophe:

Will mich freun der Jugendschranke:
Glaube weit, eng der Gedanke,
Wie das Wort so wichtig dort war,
Weil es ein gesprochen Wort war. (15–18)

Gemeint ist die Beschränkung jugendlicher Zeitalter, früher Menschheitsepochen, wo der Glaube herrschte, das Wissen noch von untergeordneter Bedeutung war, wo das Wort als gesprochenes, als unmittelbar weitergegebenes, noch nicht als geschriebenes wichtig war. Der Dichter deutet hier auf ein Charakteristikum ursprünglicher Kulturen, wo Rechtsprechung und Poesie noch mündlich vorgetragen werden und auch das Wort Gottes noch unmittelbar verkündet wird und erst spät in Büchern (Bibel, Koran) festgeschrieben, kanonisiert und kodifiziert wird.

Schon hier im Eröffnungsgedicht werden also wichtige Gemeinsamkeiten der drei Offenbarungsreligionen betont, allerdings nur in ihrer jeweils ursprünglichen Gestalt. Das führt uns noch zu einer anderen Beobachtung: Wenn in diesen drei Eingangsstrophen des *Divan* der Orient als die reine, erfrischende, verjüngende, weil glaubensstarke Quelle der

Menschheit in Kontrast zu einem spätzeitlichen, wissensschweren und zerrütteten Westen gesehen wird, so kann das nur geschehen, weil hier die Reise zugleich in die Vergangenheit führt, dem *späten* Westen ein *früher* Osten gegenübergestellt wird.[6] Es ist also nicht nur von der poetischen Form her, sondern auch inhaltlich eine imaginäre Reise, oder, wie es Goethe selbst (in den *Tag- und Jahres-Heften 1815*) ausgedrückt hat: „ich (fühlte) höchst nöthig [...] mich aus der wirklichen Welt, die sich selbst [...] bedrohte, in eine ideelle zu flüchten“[7]. Diese doppelte Imagination haben wir immer zu beachten, wenn wir Themen und Aspekte des Goetheschen *Divan* behandeln.

*

Die erste und wichtigste Begegnung ideeller Art bleibt Hafis, mit dem allein der westliche Dichter wetteifern will.[8] Aber schon bevor ihn das „Buch Hafis“ in den Mittelpunkt stellen wird, begegnet er uns im „Buch des Sängers“ wiederholt als vorbildlicher Dichter, dessen „holder Sang“ als „heiliges Exempel“[9] gefeiert wird. So hat sich denn Goethe für den Höhepunkt dieses Buches, für das Gedicht *Selige Sehnsucht*[10], von einem Ghasel des Hafis[11] anregen lassen, das bekannte Motiv der östlichen Mystik vom Flug des Schmetterlings in die Kerzenflamme aufzugreifen und in seinem, des modernen Dichters, Sinne umzuwandeln. Bei Hafis bedingt das Selbstopfer die „Rettung von dem Gram der Liebe“, bei Goethe wird es Voraussetzung für die Vollendung des Lebens:

Nicht mehr bleibest du umfangen
In der Finsterniß Beschattung,
Und dich reißet neu Verlangen
Auf zu höherer Begattung.

Keine Ferne macht dich schwierig,
Kommst geflogen und gebannt,
Und zuletzt, des Lichts begierig,
Bist du Schmetterling verbrannt. (9–16)

Hans Heinrich Schaeder hat glaubhaft gemacht, dass Goethe aus den Hafis-Versen intuitiv „die ursprüngliche und reine Stimme des Ostens“[12] erspürt hat, nämlich die des persischen Mystikers Halladsch (858–922), der als Erster den Flug des Falters in die Flamme als Sinnbild der Sehnsucht nach Vollkommenheit gedeutet hat. Für Goethe aber sind Vollendung des Lebens und Gelangen zur Vollkommenheit nicht wie für die persische Mystik in einem einmaligen Tod erreichbar. Vielmehr versteht er die Selbstverbrennung des Schmetterlings als Symbol für wiederholten inneren Tod und daraus entspringende Wiedergeburt schon in diesem Leben, dessen oftmalige Erneuerung die letzte Strophe fordert:

Und so lang du das nicht hast,
Dieses: Stirb und werde!
Bist du nur ein trüber Gast
Auf der dunklen Erde. (17–20)

Damit hat Goethe ein zentrales Bild der persischen Mystik auf seine eigene Vorstellung von Polarität und Steigerung des menschlichen Lebens übertragen und so in einem östlichen Glaubensgut des frühen Islam eine moderne westliche Idee bestätigt gesehen.

Nach diesem Vorklang im „Buch des Sängers“ behandelt dann das dem poetischen Zwillingsbruder eigens gewidmete „Buch Hafis“ nicht nur Form und Thematik seiner Lyrik, sondern auch die Besonderheit seiner Religiosität und die Frage, wieweit seine Gedichte sinnlich oder übersinnlich zu verstehen sind. Im ersten Gedicht dieses Buchs[13] fragt der westliche den östlichen Dichter nach dem Sinn seines Beinamens „Hafis“ und erhält zur Antwort:

Weil, in glücklichem Gedächtniß,
Des Korans geweiht Vermächtniß
Unverändert ich verwahre,
Und damit so fromm gebahre,
Daß gemeinen Tages Schlechtniß
Weder mich noch die berühret
Die Prophetenwort und Samen
Schätzen wie es sich gebühret;
Darum gab man mir den Namen. (5–13)

Der Beiname „Hafis“ bedeutet also „Koran-Kenner“, und der persische Dichter nennt als den Hauptsinn seiner Kennerschaft die Hochschätzung des im Koran niedergelegten Prophetenwortes und die dadurch mögliche Selbstreinigung von allem Niedrigen, von des „gemeinen Tages Schlechtniß“; solcher fromme Gebrauch des Korans sei der Grund für den ihm verliehenen Ehrentitel. Der westliche Dichter erkennt darin eine tiefe Verbundenheit mit Hafis und erwidert ihm hocherfreut:

Und so gleich' ich dir vollkommen
Der ich unsrer heil'gen Bücher
Herrlich Bild an mich genommen,
Wie auf jenes Tuch der Tücher
Sich des Herren Bildniß drückte,
Mich in stiller Brust erquickte,
Trotz Verneinung, Hindrung, Raubens,
Mit dem heitern Bild des Glaubens. (18–25)

Den korankundigen Dichter begrüßt der bibelfeste als einen Geistesverwandten, hier also noch nicht im poetischen, sondern im religiösen Sinne, in der verehrenden Bewahrung ihrer heiligen Schriften als der Grundlage ihres Lebens und Schaffens. Hierin zeigen sich beide Dichter als ebenbürtige Partner in einem Gespräch von großartigem Gleichgewicht, und so erscheinen auch die von ihnen vertretenen Glaubenswelten des Islam und des Christentums trotz des hier gewählten peripheren Berührungspunktes als zumindest vergleichbare Religionen. Zugleich rühren uns die Verse des westlichen Dichters als eines der ergreifendsten Bekenntnisse zur Bibel in Goethes Dichtung. Die tiefe und erquickende Wirkung der Bibel auf Herz und Gemüt wird mit dem Abdruck des Antlitzes Christi auf Veronikas Tuch verglichen und damit als ein göttliches Geschenk für den sein Herz Gott Darbietenden gedeutet, ein Geschenk, das als „heiteres Bild des Glaubens“ dem Empfangenden unverloren bleibt – „trotz Verneinung, Hindrung, Raubens“, nämlich trotz der zersetzenden Angriffe moderner Bibelkritik, einer Gefahr mehr im Abend- als im Morgenland, die den Westländer hier aber nicht hat irremachen können.

Trotz des Ehrentitels war aber Hafis bei der islamischen Orthodoxie seiner Zeit nicht unangefochten. Denn die sinnlichen Gegenstände seiner Poesie (Liebe, Weingenuss) erregten bei strenggläubigen Schriftgelehrten Anstoß, und da die Lieder des Hafis schon in aller Munde waren, beschritten die Gelehrten den Ausweg, seine Gedichte allegorisch im Sinne göttlicher Liebe und religiöser Ekstase umzudeuten. Gegen diese Fehlinterpretation nimmt der westliche Dichter seinen Kollegen in Schutz mit einem weiteren Gedicht im „Buch Hafis" unter dem Titel *Offenbar Geheimniß*[14]:

Sie haben dich, heiliger Hafis,
Die mystische Zunge genannt,
Und haben, die Wortgelehrten,
Den Werth des Worts nicht erkannt.

Mystisch heißest du ihnen,
Weil sie Närrisches bei dir denken,
Und ihren unlautern Wein
In deinem Namen verschenken.

Du aber bist mystisch rein,
Weil sie dich nicht verstehn,
Der du, ohne fromm zu sein, selig bist!
Das wollen sie dir nicht zugestehn.

„Mystische Zunge" ist ein arabischer Beiname des Hafis und meint wörtlich „Zunge des Verborgenen, Unsichtbaren, Übernatürlichen, des göttlichen Geheimnisses"[15] und diente den „Wortgelehrten" dazu, ihre Auslegung der hafisischen Gedichte als übersinnlicher Allegorien zu rechtfertigen. Der westliche Dichter verurteilt solche Exegese als Verkennung dichterischen Wortes, ja brandmarkt sie als bewusste Trübung und Verunreinigung des lauteren Weins der Poesie. Dem solcherart fragwürdig gewordenen Begriff „mystisch" im Beinamen stellt nun der Dichter mit „mystisch rein" ein positives Prädikat für Hafis entgegen und meint damit, dass jeder sinnliche Gegenstand in seiner Dichtung durchaus irdisch bleibt, zugleich aber über sich hinaus auf ein Allgemeines weist, durchscheinend wird für ein Höheres, also weder nur buchstäblich noch nur allegorisch, sondern symbolisch zu deuten ist, worauf auch der Titel des Gedichts „Offenbar Geheimniß" hinweist, den ein Satz aus den *Maximen und Reflexionen* erläutern kann: „Das ist die wahre Symbolik, wo das Besondere das Allgemeinere repräsentirt, nicht als Traum und Schatten, sondern als lebendig-augenblickliche Offenbarung des Unerforschlichen."[16] Von diesem Zugleich von sinnlich und übersinnlich spricht auch ein Aphorismus Goethes über die „orientalische mystische Poesie", die den großen Vorzug gegenüber anderer Mystik habe, „daß der Reichthum der Welt, den der Adepte wegweis't, ihm noch jederzeit zu Gebote steht. Er befindet sich also noch immer mitten in der Fülle, die er verläßt, und schwelgt in dem, was er gern los sein möchte."[17] Wegen dieses Bleibens in der Fülle wird Hafis von unserem Gedicht „heilig" und „selig" genannt und gerade nicht „fromm", weil dieses Wort hier die Haupteigenschaft seiner orthodoxen Gegner, die strenge Erfüllung kirchlicher Gesetze, meint.

Im Hintergrund dieses Gedichts steht also der Konflikt zwischen Kunst und Religion, genauer: zwischen Kunst und Strenggläubigkeit. In diesem Streit ergreift unser Gedicht mit Engagement und deutlich abschätzigem Blick auf die islamischen Exegeten die Partei der Kunst, die es vor aller Dienstbarkeit bewahren, ihr eine „selige" Autonomie sichern will. Dabei wusste Goethe, dass im Orient die Gedichte von Hafis auch noch zu seiner Zeit nur allegorisch gedeutet wurden. Mithin setzt sich die Kritik des Westländers an solcher religionspolitisch motivierten Auslegungspraxis nicht so sehr mit der islamischen Orthodoxie des 14. Jahrhunderts als vielmehr mit der der eigenen Gegenwart auseinander und will das noch immer unzulängliche Hafis-Bild des Ostens an die moderne Poetologie des Westens heranführen. Denn Goethe hatte in Hafis einen frühen Vertreter symbolischer Dichtung erkannt und sich ebendadurch zu einem Wettstreit mit diesem Ebenbürtigen begeistern lassen.

*

Wir haben im letzten Gedicht ein kritisches Wort des westlichen Dichters über die Orthodoxie des Islam gehört. Welches generelle Bild dieser Weltreligion vermittelt Goethes *Divan*? Neben einigen weiteren Gedichten, die wir noch kennenlernen werden, äußert sich Goethe an einigen Stellen seiner „Noten und Abhandlungen" zur Glaubenslehre und zur Religionsübung des Islam. Im Abschnitt „Mahomet" stellt Goethe dessen Beteuerung heraus, „er sei Prophet und nicht Poet und daher auch sein Koran als göttliches Gesetz und nicht etwa als menschliches Buch […] anzusehen"[18]. Goethe führt den Unterschied zwischen Prophet und Poet noch weiter aus. Der Poet vergeude seine Gabe „im Genuß, um Genuß hervorzubringen", der Prophet hingegen wolle eine Lehre verkünden und um sie die Völker versammeln: „Hiezu bedarf es nur, daß die Welt glaube; er muß also eintönig werden und bleiben". Daraus ergibt sich für Goethe der Charakter des Korans. Er findet dessen ganzen Inhalt zu Anfang der zweiten Sure (2, 1–7), wo die Frommen als Offenbarungs- und Jenseitsgläubige, als Gebete Verrichtende und Almosengeber, die Ungläubigen jedoch als Verstockte bezeichnet würden, die „eine schwere Strafe leiden (werden)". Dies wiederhole sich von Sure zu Sure, so dass „Amplificationen aller Art, gränzenlose Tautologien und Wiederholungen […] den Körper dieses heiligen Buches (bilden)". Der Stil des Korans sei „streng, groß, furchtbar, stellenweis' wahrhaft erhaben", so dass dieses Buch „von den echten Verehrern für unerschaffen und mit Gott gleich ewig erklärt" worden sei; doch vergisst Goethe nicht, dass es bei den Arabern manche Kritik, ja Textkritik am Koran gegeben habe. Was Goethe hier über die Unerschaffenheit des Korans nur referierend vorbringt, besitzt ein humorvolles Gegenstück im „Schenkenbuch", wo ein ketzerischer Trinker in lallender Ghaselenform die Einzigartigkeit des Korans zu relativieren wagt.[19]

Zur Entstehungsgeschichte des Islam zitiert Goethe zustimmend einen Orientalisten des 17. Jahrhunderts.[20] Dieser betrachtete als Hauptabsicht des Korans, durch Verkündigung des einen unsichtbaren Gottes die Heiden, Juden und Christen Arabiens im Glauben zu vereinigen, dadurch unter das geistliche und weltliche Regiment Mahomets zu bringen und so Gottes wahre Religion fortzupflanzen und zu bestätigen. Diese politische Stoßkraft des Islam durch seinen Glauben an den einen Gott und die dadurch bewirkte Einheit seiner Völker hat auch Goethe selbst betont, so in einem Nachlassgedicht zum *Divan*:

Und so muß das Rechte scheinen
Was auch Mahomet gelungen;
Nur durch den Begriff des Einen
Hat er alle Welt bezwungen.[21]

Dennoch sieht Goethe in diesem Glauben an den einen Gott keinen Unterschied zwischen Islam und Christentum, vielmehr eine von mehreren Gemeinsamkeiten, die er an späterer Stelle in den „Noten und Abhandlungen" aufzählt. Zuvor hatte er davon gesprochen, dass die persische Dichtung für den Westländer in manchem fremdartig bleibe; doch entferne uns von ihr nicht die darin zum Ausdruck kommende Religion; denn „die Einheit Gottes, Ergebung in seinen Willen, Vermittlung durch einen Propheten, alles stimmt mehr oder weniger mit unserm Glauben, mit unserer Vorstellungsweise überein"[22]. Die Tendenz zur Glättung der Unterschiede ist nicht zu überhören; doch sind wir es von Goethe schon gewohnt, Jesus nur als einen Propheten anerkannt zu sehen, und auch der Begriff der „Einheit Gottes" kann hier als diplomatischer Ausdruck gelten, die Unterschiede zwischen den Gottesbildern beider Religionen zu verwischen. Worauf aber der späte Goethe auch sonst großen Wert legt, ist das für beide Religionen gemeinsame Gebot der Ergebung in den Willen Gottes. Diese Gemeinsamkeit betont eindringlich schon ein Vierzeiler im „Buch der Sprüche":

Närrisch, daß jeder in seinem Falle
Seine besondere Meinung preis't!
Wenn Islam *Gott ergeben heißt,*
In Islam leben und sterben wir alle.[23]

Der Spruch geht aus vom modernen Individualismus, worin jeder seine Eigentümlichkeit gegenüber den anderen betont und darüber das allen Gemeinsame vergisst. Zu diesem Gemeinsamen rechnen die beiden Schlusszeilen des Spruches den wörtlichen Sinn des Religionsnamens „Islam", der im Arabischen „völlige Hingabe, Ergebung in Gott" meint.[24] So deutet der letzte Vers des Spruches „Islam" im Sinne von „Gott ergeben" als eine für alle Menschen gültige Maxime, gleichgültig, zu welcher besonderen Religion sie sich bekennen, mithin als ein alle Religionen verbindendes Prinzip.[25] Für das Christentum kann man in der Tat auf die Vaterunser-Bitte „Dein Wille geschehe" verweisen, und Goethe selbst lässt am *Sanct Rochus-Fest zu Bingen* (August 1814) den Prediger die Heiligkeit des Rochus mit seiner „unbedingten Ergebenheit in den Willen Gottes" begründen, die er die „vorzüglichste Eigenschaft" nennt, „die alles übrige Gute einschließt", und sie so als eine christliche

Haupttugend rühmt.[26] Hier freilich lässt Goethe durch den Geistlichen eher seine eigene, leicht fatalistische Haltung im Sinne Spinozas[27] zum Ausdruck bringen, und so schließt auch der Begriff „Islam" im Spruch des *Divan* die Vorstellung einer Schicksalsergebenheit ein, wie ja auch sonst der späte Goethe gerne die erläuternde Formulierung „unbedingtes Ergeben in den unergründlichen Willen Gottes"[28] wählt. – Völlige Hingabe an Gott, Vaterunser-Bitte, Schicksalsergebenheit à la Spinoza: Solche Variationsbreite schließt hier der Begriff „Islam" ein und erweist sich so als ein kräftiges einigendes Band für sonst recht unterschiedliche Glaubenswelten in West und Ost.

*

Goethe kann im *Divan* aber auch zwischen dem gemeinsamen Gottesbild der traditionellen Weltreligionen, mythologischen Bildern und der eigenen naturreligiösen Vorstellung changieren, sie spielerisch trennen und verknüpfen. Musterhaft zeigen dies die *Sommernacht* und ein später daran angeschlossenes Gedicht am Ende des „Schenkenbuchs". Die *Sommernacht*[29] ist als Gespräch zwischen dem Dichter und dem jungen gelehrigen Schenken über das Geschehen am sommerlichen Nachthimmel gestaltet. Aus der Eingangsfrage des Dichters, wie lange wohl der Schimmer im Westen noch dauern werde, glaubt der Schenke den Wunsch nach Bewunderung des nächtlichen Sternenhimmels herauszuhören, und erbietet sich, dem Dichter die endgültige Herrschaft der Nacht zu melden. Schon mit diesem Angebot verbindet er eine vorwegnehmende Schilderung dessen, was der Dichter sich wünscht:

Denn ich weiß du liebst, das Droben,
Das Unendliche zu schauen,
Wenn sie sich einander loben
Jene Feuer in dem Blauen. (9–12)

Bereits hier, mit dem Blick auf „das Droben, das Unendliche", öffnet sich der Raum des Göttlichen, was die weitere Ausgestaltung des Wettleuchtens der Sterne noch verdeutlicht:

Und das hellste will nur sagen:
Jetzo glänz' ich meiner Stelle;
Wollte Gott euch mehr betagen,
Glänztet ihr wie ich so helle. (13–16)

Diese Demutsgeste des hellsten Sterns artikuliert den Lobpreis des Schöpfers durch sein Geschöpf und gibt zugleich die ganze Sternenwelt in die Hand dessen, der sie geschaffen hat. Darum ist es nur folgerichtig, dass der Schenke nach der Weite des Alls nun auch das Nahe und Kleine in gleiche Beziehung zum Schöpfer setzt:

Denn vor Gott ist alles herrlich,
Eben weil er ist der Beste;
Und so schläft nun aller Vogel
In dem groß- und kleinen Neste. (17–20)

Wenn der Schenke solchen Lobpreis gerade zur Abendstunde spricht, kann man mit Konrad Burdach[30] diese Strophen mit den Gebeten des Islam zum Sonnenuntergang und zur Mitternacht in Verbindung bringen. Dabei bekennt der Schenke, dass der Dichter selbst ihn solches oder doch Ähnliches gelehrt habe und er dies alles fest in seinem Herzen bewahre. Vom Westländer also stammt diese poetische Entfaltung des traditionellen Gottesbildes mit der klaren Unterscheidung und zugleich engen Beziehung zwischen Schöpfer und Geschöpf, und sie konnte beim Schenken deshalb auf so fruchtbaren Boden fallen, weil sie auch seinem eigenen islamischen Glauben entsprach.

Umso überraschender ist es, dass der Lehrer auf diesen Vortrag des Schülers nicht näher eingeht, die eigene Lehre also weder bestätigt noch dementiert. Er macht den Schüler lediglich auf seinen Irrtum über diese weder östliche noch westliche, sondern nordische Sommernacht aufmerksam, deren gleichzeitige Abend- und Morgenröte keine Dunkelheit und also keinen Sternenhimmel erwarten lässt. Doch statt astronomischen Unterricht zu erteilen, kleidet der Dichter diese außergewöhnliche Situation scherzhaft in eine selbsterfundene Mythologie von der in Hesperus entbrannten und ihm umsonst nacheilenden Aurora und schildert dieses kleine Liebesdrama am Himmel vor allem deshalb, um den schönen Knaben vor der Gefahr zu warnen, die ihm von der entführungswilligen Aurora drohen könnte.

Wenn hier dem erhabenen Bild des Sternenhimmels und damit des Schöpfergottes das humoristische Dramolett des Aurora-Märchens folgt, so ist zu bedenken, dass beide Szenen auf verschiedenen Ebenen spielen. Denn nur die erste passt in den west-östlichen Lebensbereich, die zweite hingegen versetzt in einem fiktiven Spiel das mit Zelten, Zypresse und Bulbul durchaus orientalische Lokal in die Nähe des Polarkreises! Aus diesem kategorialen Unterschied folgt denn auch, dass die mythologische Szene keineswegs den religiösen Wert des feierlichen Mitternachtsbildes in Frage stellen will, zumal sie für sich selbst keine religiöse Verbindlichkeit beansprucht. Vielmehr hat diese in heiter-lässigem, leicht (selbst)ironischem Ton erzählte Geschichte den einzigen Sinn, poetisches Gleichnis für eine bestimmte seelische Empfindung, nämlich für die leise Furcht des Älteren vor dem Verlust des Jüngeren zu sein – im Rahmen der im ganzen Gedicht, ja im ganzen „Schenkenbuch" vorwaltenden „Wechselneigung des früheren und späteren Alters"[31].

Eine nochmalige Wendung des Gesprächs zwischen Dichter und Schenken hat Goethe einige Jahre später durch ein der *Sommernacht* angeschlossenes kurzes Gedicht[32] gegeben, das wieder in Form einer Wechselrede gehalten ist. Der Schenke scheint hier an das zuvor Gehörte anzuknüpfen und daraus ein Resümee zu ziehen:

So hab' ich endlich von dir erharrt:
In allen Elementen Gottes Gegenwart. (1–2)

Es ist dies eine der prägnanten Formeln für Goethes naturreligiöse Grundüberzeugung, die hier der Schenke von seinem Lehrer glaubt vernommen zu haben. Nur passt dieses pantheistische Credo à la Spinoza nicht recht zum vorigen Lobpreis des von der Welt unterschiedenen Schöpfers und noch weniger zum Aurora-Mythos, und doch bestätigt der Lehrer diesmal ausdrücklich dem Schenken, er habe „so jung vernommen wie der Alte denkt" (8). Wie ist dies zu erklären? Kann sich der inzwischen „schläfrig"[33] gewordene Schenke nicht mehr genau an das zuletzt Gehörte erinnern oder bezieht er sich mit seiner Quintessenz auf frühere Gespräche? Nicht zu vergessen ist auch sein Wort aus der *Sommernacht*:

Solches hast du mich gelehret,
Oder etwas auch dergleichen; (25–26)

womit er schon für das dort gezeichnete Schöpferbild nicht bürgen wollte. Aus allem folgt wohl, dass die Lehre seines väterlichen Freundes nicht eindeutig ist, sondern verschiedene Gestalt annehmen kann, wobei jedoch jede ihren eigentümlichen Sinn und Wert bewahrt.[34]

Dass aber hier beide Gedichte verschiedene Auffassungen des Göttlichen in lockerer Form aneinanderreihen können, verdanken sie einer Gesprächsstruktur, die mit ihrer Rollen- und Echopoesie alles Lehrhafte und Diskursive meidet, dafür ohne strenge Logik, ja ohne Scheu vor möglichen Widersprüchen sowohl Gemeinsames aus Ost und West als auch Unterschiedliches zwischen Tradition und Moderne in spielerischem Wechsel der Töne und Bilder vermittelt.

*

Wenn wir nun in Goethes *Divan* weiterblättern, um am Schluss des Zyklus das „Buch des Paradieses" zu erreichen, stoßen wir unmittelbar davor auf das „Buch des Parsen" mit seinem großen, feierlichen Gedicht *Vermächtniß altpersischen Glaubens*[35]. Damit hat Goethe der vorislamischen Feuerreligion der älteren Perser ein Denkmal gesetzt, wie er auch in den „Noten und Abhandlungen" dieser frühen Gottesverehrung einen eigenen Abschnitt[36] gewidmet hat. Im Gedicht hält ein sterbender Parse eine feierliche Abschiedsrede an seine Glaubensbrüder und ermahnt sie vermächtnishaft, die alten Gesetze der Sonnen- und Feuerverehrung auch künftig zu achten. Denn die frühen Parsen sehen in der Sonne einen „reinen Gottesspiegel" (70), beten die Sonne und das Feuer als Stellvertreter Gottes an:

Ich fühlte, fühlte
Tausendmal, in so viel Lebenstagen,
Mich mit ihr, der kommenden, getragen

Gott auf seinem Throne zu erkennen,
Ihn den Herrn des Lebensquells zu nennen,
Jenes hohen Anblicks werth zu handeln
Und in seinem Lichte fortzuwandeln. (14–20)

Das erinnert deutlich an Goethes eigenes Bekenntnis, dass er die Sonne als Offenbarung der zeugenden Kraft Gottes verehre und anbete[37], und so versteht man, dass er der altpersischen Religion besondere Sympathie entgegenbracht hat. Allerdings hat er den Hinweis seiner Quellen übergangen, dass die alten Parsen die Sonne als Geschöpf Gottes aus dem Nichts betrachtet haben.[38] Diese monotheistische Komponente lässt Goethe außer Acht und interpretiert den Parsismus als „reine Naturreligion", die „auf die Allgegenwart Gottes in seinen Werken der Sinnenwelt (gegründet)" sei[39], um ihn seinem eigenen Pantheismus anzunähern.

Als praktische Konsequenz aus der Sonnenverehrung folgt dann im Vermächtnis des alten Parsen das Gebot der Reinigung der Elemente, vor allem der Erde und des Wassers, damit sie der Sonne einen würdigen Anblick bieten. Erst wenn auf solche Weise „das All gereinigt" (54) ist,

[...] darf der Mensch als Priester wagen
Gottes Gleichniß aus dem Stein zu schlagen. (55–56)

Ist so die Flamme als der „Abglanz höhern Lichts" (66) entzündet, kann der gläubige Parse wieder zur Verehrung der aufgehenden Sonne zurückkehren. Die Quintessenz aus diesem kreisförmigen und mühevollen Kultus der altpersischen Religion hat das Gedicht schon zuvor in einer zentralen Strophe formuliert:

Und nun sei ein heiliges Vermächtniß
Brüderlichem Wollen und Gedächtniß:
Schwerer Dienste tägliche Bewahrung,
Sonst bedarf es keiner Offenbarung. (25–28)

Das aber ist keine altpersische Lebensregel mehr, sondern eine klare Maxime des späten Goethe selbst, was auch aus dem Sperrdruck der Zeile „Schwerer Dienste tägliche Bewahrung" hervorgeht. Aber auch die Bemerkung, dass es sonst keiner Offenbarung bedürfe, ist ein Bekenntnis des Dichters, und zwar gegen die übernatürlichen Offenbarungsreligionen[40], die sonst vom westlichen Dichter des *Divan* durchaus anerkannt werden. Insofern scheint das „Buch des Parsen“ fast ein Fremdkörper im *Divan* zu sein, doch durfte auch diese frühe Glaubenswelt des Ostens darin nicht fehlen, zumal sie der eigenen Anschauung des Dichters so sehr entgegenkam.

*

Nun aber zum „Buch des Paradieses“ als dem End- und Höhepunkt von Goethes *Divan,* auch im Hinblick auf unser Thema. In seiner Ankündigung des *Divan* in Cottas *Morgenblatt* 1816 sagt Goethe von diesem letzten Buch, es enthalte „sowohl die Sonderbarkeiten des mahometanischen Paradieses als auch die höheren Züge gläubigen Frommsinns, welche sich auf diese zugesagte künftige heitere Glückseligkeit beziehen“[41]. Die „Sonderbarkeiten“ konnte Goethe an vielen Stellen im Koran ausgemalt finden, der ihm damals in deutscher Übersetzung in den *Fundgruben des Orients* von Joseph von Hammer vorlag, so etwa in der 44. Sure (Vers 49–54)[42]:

49. Die den Herrn fürchten sind am sichern Ort.

50. In Gärten an Flüssen.

51. Im Kleide von Seide sie des ewigen Anschau'ns genießen.

52. So wird es sein. Wir geben ihnen Mädchen blank und rein, mit schwarzen Äugelein.

53. Alle Arten von Früchten werden ihnen bescheret sein.

54. Sie kosten den Tod nur in dieser Welt, und sind dann befreit von Höllenpein.

Generell werden im Koran die himmlischen Freuden als gesteigerte irdische verheißen, ohne deren Trübungen und Grenzen, vor allem wird ihre Ewigkeit betont. Gerade diese Ähnlichkeit zwischen Erde und Himmel hat Goethe angeregt, im „Buch des Paradieses“ die Übergänglichkeit von Diesseits und Jenseits phantasievoll zu variieren.

Im ersten Gedicht, mit dem Titel *Vorschmack*[43], lässt der westliche Dichter den Propheten – entgegen islamischer Überlieferung – ein Himmelsmädchen auf die Erde schicken, um einem zweifelnden Moslem den Glauben ans Paradies zu stärken, worauf dieser versichert:

Auf meinem Schoos, an meinem Herzen halt' ich
Das Himmels-Wesen, mag nichts weiter wissen;
Und glaube nun an's Paradies gewaltig,
Denn ewig möcht' ich sie so treulich küssen. (13–16)

Damit wird die irdische Geliebte als Vorschmack des Himmels, die irdische Liebe als Vorwegnahme der ewigen gepriesen. Später folgen einige Gedichte, die dann im Paradies selbst spielen und umgekehrt aus himmlischer Sicht das irdische Leben bewerten. Zuvor aber schildern andere Gedichte[44], wer nach islamischer Legende im Paradiese wohnt. Bislang seien nur vier Frauen dort eingetroffen (Suleika, Maria sowie Frau und Tochter des Propheten), immerhin seien dort auch vier begünstigte Tiere aufgenommen, vor allem aber eine große Zahl von Kämpfern, die als Helden für den Glauben gefallen sind. Mahomet selbst schildert im Gedicht *Berechtigte Männer* in zahlreichen Strophen die Freuden des Paradieses als Lohn für ihre Taten, die von der „Wunde für den Glauben"[45] bestätigt sind.

Nun aber folgen vier Gedichte[46], in denen sich der westliche Dichter selbst bis zum mohammedanischen Paradies vorwagt und im Gespräch mit einer der Huris (von arab. *huriya* ‚Paradiesjungfrau') die ewigen Freuden genießt. Diese Dialog-Gedichte sind erst im Frühjahr 1820 entstanden und daher erst in die Neuauflage des *Divan* innerhalb der *Ausgabe letzter Hand* (Bd. 6, 1827) aufgenommen worden. Sie sind in einem zunehmend leichten, lockeren Parlando-Stil gehalten, heiter-lässig und doch auch wieder tiefsinnig, im Ganzen ein „fröhlicher Umtausch irdischer Glückseligkeit mit der himmlischen"[47], wozu auch die eigentümliche Schwerelosigkeit dieser Gedichte, eine vordem nicht gekannte Losgelöstheit von Raum und Zeit beiträgt: Neben dem Raum, der nur noch als Wolkenreich über der Erde vorstellbar ist, wird auch die Zeit als ein Unbegrenztes und ewig Ruhendes gedacht.

Drei Grundthemen durchziehen diese Dialog-Gedichte: einmal die Rolle des westlichen Dichters in einem östlichen Paradies, zum andern der Wert seiner irdischen Lieder im Himmel, zum Dritten das Verhältnis der Huri zu Suleika. In allen drei Fällen gewinnt der Westen die Anerkennung des Ostens.

Zuerst fragt die Huri am Paradiesestor nach den Verdiensten, Kämpfen und Wunden des Einlassbegehrenden. Seine Antworten passen sich der religiösen Terminologie an, meinen aber weltliche Vorstellungen. Er sei „ein Mensch gewesen / Und das heißt ein Kämpfer sein“[48], er habe „gläubger Weise“[49] die Treue der Geliebten und den Dank der Welt besungen, er habe Lebens- und Liebeswunden erhalten und Ruhm errungen. Statt religiöser Verdienste, wie sie die Moslems erwerben müssen, werden hier irdische Verdienste eines Dichters geltend gemacht, die eine großzügig-tolerante Huri ohne weiteres akzeptiert, so dass die folgenden Gedichte nun alle im Innern des Paradieses spielen. Das zweite spricht von der Kraft der Lieder des westlichen Dichters, bis zur Himmelspforte aufzusteigen und von dort wieder zur Erde zurückzukehren. Das dritte Gedicht bringt ein scherzhaftes Gespräch darüber, ob die Huri früher Suleika gewesen sei, mit dem Ergebnis, dass sie zwar dem Dichter „paradiesisch“[50], als eine verklärte Suleika vorkomme, diese ihr aber „auf ein Haar“[51] gleiche. Das führt schließlich im letzten dieser Gedichte dazu, dass die Huri vom Dichter kein neues Lied verlangt, sondern sich die „Lieder an Suleika“ vorgetragen wünscht:

Huri

Hast in dem Weltall nicht verzagt,
An Gottes Tiefen dich gewagt;
Nun sei der Liebsten auch gewärtig!
Hast du nicht schon das Liedchen fertig?
Wie klang es draußen an dem Thor?
Wie klingt's? – Ich will nicht stärker in dich dringen,
Sing' mir die Lieder an Suleika vor:
Denn weiter wirst du's doch im Paradies nicht bringen.[52]

Die irdischen Lieder dieses Dichters sind unübertrefflich, auch im Paradies kann er seine Kunst der Liebesdichtung nicht weiter steigern, so dass die irdische Liebe schon immer der himmlischen ebenbürtig war. Während also im mahometanischen Paradies die irdischen Freuden sich *gesteigert* wiederholen, bedarf die Kunst des westlichen Dichters und ihre Gestaltung der Liebe solcher Steigerung nicht.

Doch die Paradiesgespräche sind nicht das Letzte dieses Buches. Im Abschnitt „Künftiger Divan“ der „Noten und Abhandlungen“ charakterisiert Goethe das „Buch des Paradieses“ mit den Worten: „Scherz und Ernst verschlingen sich hier so lieblich in einander, und ein verklärtes Alltägliche verleiht uns Flügel zum Höheren und Höchsten zu gelangen.“[53] Damit spielt er auf den Titel des Gedichts *Höheres und Höchstes* an, das fast am Ende des Paradiesbuches steht und vom mahometanischen Himmel ausgehend in mehreren Stufen zum „Höheren“ und „Höchsten“ an Paradiesvorstellung aufsteigt. Dabei ermöglichen seine vierhebigen klingenden Trochäen einen geschmeidigen Rhythmus, um sowohl den Scherz des „Höheren“ als auch den Ernst des „Höchsten“ vorzutragen.

Das elfstrophige Gedicht[54] gliedert sich in drei, sich mehr und mehr verjüngende Teile. In der ersten Gruppe (Strophe 1–5) setzt der Dichter in ein noch einmal bunt gemaltes muslimisches Paradies sein „liebes Ich“ hinein, das er „gern […] gerettet sähe, / So da droben wie hienieden“; auch alle irdischen Freuden wünscht er sich „für ew’ge Zeiten“, ja möchte mit Freunden „in deutscher Sprache / Paradieses-Worte stammeln“. Zunächst also wünscht sich der Dichter wie die Moslems nur eine Fortsetzung der Erdentage im Himmel. Dann aber betritt er mit Strophe 6 eine neue Stufe:

Doch man horcht nun Dialekten
Wie sich Mensch und Engel kosen,
Der Grammatik, der versteckten,
Declinirend Mohn und Rosen. (21–24)

Damit wird die Ebene aller anderen Paradiesgedichte verlassen und ein Bereich des Jenseits betreten, wo die irdisch-menschliche Sprache von einer Grammatik abgelöst wird, die nicht mehr Wörter, sondern Blumen, also die bisher durch Worte bezeichneten Dinge selbst dekliniert.[55] Bald aber gilt nur noch die Sprache der Blicke „ohne Klang und Ton“ (28), ja das Ich erwartet als Ersatz für seine noch immer an das Erdendasein erinnernden fünf Sinne nur einen einzigen Sinn, der den weiteren Weg zum Göttlichen erleichtert. Bis dahin war dieser Prozess der Reinigung des Ich von allem Irdischen mit leichtem, scherzhaft-selbstironischem Ton beschrieben worden. Nun aber tritt mit den beiden letzten Strophen das Ich in den unendlichen dritten Bereich und tauscht dabei den bisherigen Scherz mit feierlichem Ernst:

Und nun dring' ich aller Orten
Leichter durch die ew'gen Kreise,
Die durchdrungen sind vom Worte
Gottes rein-lebend'ger Weise.

Ungehemmt mit heißem Triebe
Läßt sich da kein Ende finden,
Bis im Anschaun ew'ger Liebe
Wir verschweben, wir verschwinden. (37–44)

Der Wandel vom Verlust der menschlichen Sprache zur Wahrnehmung des „Wortes Gottes rein-lebend'ger Weise" und zum „Anschaun ew'ger Liebe" erinnert von fern an das Pauluswort (1 Kor. 13) vom Stückwerk alles Irdischen, vom Aufhören aller Sprachen und Erkenntnis, von der künftigen Vollkommenheit und von der Ewigkeit der Liebe. Aber das Schlussbild des Gedichts vom „Verschweben und Verschwinden" meint nicht das künftige Anschauen Gottes von Angesicht zu Angesicht[56], sondern die Auflösung des Ich in die göttliche „ewige Liebe", von der die Schöpfung ausgegangen ist und in die sie wieder zurückkehren wird.

*

Am Ende von Goethes *Divan* steht so das Bekenntnis des westlichen Dichters zu seiner zeitgeschichtlich begründeten „eigenen Religion", die er auch sonst auf seiner Orientreise nie verleugnet hat. Desungeachtet hat dem späten Goethe um 1815 vor allem seine Begegnung mit Hafis eine neue Offenheit des Blicks für die Welt und eine neue Freiheit des Schaffens geschenkt, und die Symbolik orientalischer Dichtung, ihr Zugleich von sinnlich und übersinnlich, konnte sogar seine eigene religiöse Weltdeutung bestätigen. Und so stehe am Schluss ein berühmtes Briefwort Goethes an seinen Freund Zelter vom 11. Mai 1820, worin er die Geistesverwandtschaft zwischen der islamischen Kultur und seiner eigenen *Divan*-Dichtung in souveräner Prägnanz zusammenfasst: „Indessen sammeln sich wieder neue Gedichte zum Divan. Diese mohamedanische Religion, Mythologie, Sitte geben Raum einer Poesie wie sie meinen Jahren ziemt. Unbedingtes Ergeben in den unergründlichen Willen Gottes, heiterer Überblick des beweglichen, immer kreis- und spiralartig wiederkehrenden Erdetreibens, Liebe, Neigung zwischen zwey Welten schwebend, alles Reale geläutert, sich symbolisch auflösend. Was will der Großpapa weiter?“[57]

Abkürzungen

Der junge Goethe	Der junge Goethe. Neu bearbeitete Ausgabe in fünf Bänden. Hrsg. von Hanna Fischer-Lamberg. Berlin 1963–1973. Registerband 1974.
WA	Goethes Werke. Hrsg. im Auftrage der Großherzogin Sophie von Sachsen. 4 Abteilungen mit 143 Bänden. Weimar 1887–1919 (Abteilung in römischer, Band in arabischer Ziffer).
Herder, Sämtliche Werke	Herders Sämmtliche Werke. Hrsg. von Bernhard Suphan. 33 Bände. Berlin 1877–1913.
Maximen und Reflexionen	Goethe: Maximen und Reflexionen. Nach den Handschriften des Goethe- und Schiller-Archivs hrsg. von Max Hecker. Weimar 1907.
Eckermann	Johann Peter Eckermann: Gespräche mit Goethe in den letzten Jahren seines Lebens. Hrsg. von Fritz Bergemann. Wiesbaden 1955.
Goethe-Handbuch	Goethe-Handbuch in vier Bänden. Hrsg. von Bernd Witte u. a. Stuttgart, Weimar 1996–1998. Registerband 1999.

Zum Haupttext: Zahlen in Klammern nach Zitaten aus Versdichtungen bedeuten Verszahlen.

Anmerkungen

Goethe und das Christentum

1 Vgl. zum Folgenden Franz Schnabel: Deutsche Geschichte im neunzehnten Jahrhundert. Freiburg i. Br. 1965: Bd. 7, S. 21–27; Bd. 8, S. 16–24.

2 Goethes Verhältnis zum Christentum haben nach Friedrich Muckermann, Peter Meinhold und Helmut Thielicke vor allem behandelt: Werner Keller: Altersmystik? Der späte Goethe und das Christentum seiner Zeit. In: Wahrheit und Wort. Festschrift für Rolf Tarot zum 65. Geburtstag. Hrsg. von Gabriela Scherer und Beatrice Wehrli. Bern 1996, S. 237–256. – Martin Bollacher: Artikel „Christentum". In: Goethe-Handbuch, Bd. 4/1, S. 165–175. – Hans-Jürgen Schings: Artikel „Religion/Religiosität". In: Ebd., Bd. 4/2, S. 892–898. – Jörg Baur: Goethe und das Christentum in der Sicht des Theologen. In: Neue Zeitschrift für systematische Theologie und Religionsphilosophie 42 (2000), S. 140–159. – Peter Hofmann: Goethes Theologie. Paderborn 2001, bes. Teil III, Kap. 2, S. 375–403. – Christoph Perels: Goethe und das Christentum. In: Jahrbuch des Freien Deutschen Hochstifts 2006, S. 25–53.

3 Dichtung und Wahrheit, 1. Buch; die folgenden Zitate: WA I, 26, S. 62 und 63 f.

4 Dichtung und Wahrheit, 4. Buch: Ebd., S. 221.

5 Goethe an Ernst Theodor Langer. Frankfurt, 17. Januar 1769. In: Der junge Goethe, Bd. 1, S. 264.

6 Dichtung und Wahrheit, 7. Buch: WA I, 27, S. 97.

7 Für die Periode 1769–1775 vgl. die ausführlichen Darstellungen von Andreas B. Wachsmuth: Stationen der religiösen Entwicklung Goethes. In: Jahrbuch des Freien Deutschen Hochstifts 1967, S. 271–316, und von Gerhard Sauder: Der junge Goethe und das religiöse Denken des 18. Jahrhunderts. In: Goethe-Jahrbuch 112 (1995), S. 97–110.

8 Vgl. Hans Schneider: „Mit Kirchengeschichte, was hab' ich zu schaffen?" Goethes Begegnung mit Gottfried Arnolds *Kirchen- und Ketzerhistorie.* In: Goethe und der Pietismus. Hrsg. von Hans-Georg Kemper und Hans Schneider. Tübingen 2001 (Hallesche Forschungen 6), S. 79–100; hier S. 80f.
9 Dichtung und Wahrheit, 8. Buch: WA I, 27, S. 217.
10 Ebd.
11 Ebd., S. 217–222.
12 Dichtung und Wahrheit, 15. Buch: WA I, 28, S. 304.
13 Ebd., S. 305.
14 Ebd., S. 306.
15 Ebd.
16 Gerhard Sauder hat darauf hingewiesen, dass sogar der Begriff der „christlichen Privatreligion" von der damaligen protestantischen Theologie, nämlich vom schon erwähnten Bibelkritiker Johann Salomo Semler, Mitte der siebziger Jahre geprägt worden ist und sich bald allgemein durchgesetzt hat: Aufklärerische Bibelkritik und Bibelrezeption in Goethes Werk. In: Goethe-Jahrbuch 118 (2001), S. 108–125; hier S. 114 und 125.
17 Lavater an Goethe. Zürich, 30. November 1773. In: Briefe an Goethe. Hamburger Ausgabe. Hrsg. von Karl Robert Mandelkow. Bd. 1, Hamburg 1965, S. 17.
18 Goethe an Lavater. Weimar, 29. Juli 1782: WA IV, 6, S. 20.
19 Goethe an Lavater. Weimar, 22. Juni 1781: WA IV, 5, S. 148.
20 Näheres dazu siehe unten S. 40–44.
21 Friedrich Heinrich Jacobi: Von den Göttlichen Dingen und ihrer Offenbarung. Leipzig 1811.
22 Vgl. vor allem Goethes Brief an Knebel. Weimar, 8. April 1812: WA IV, 22, S. 321–323.
23 Tag- und Jahres-Hefte 1811 (geschrieben um 1825): WA I, 36, S. 72.
24 Was wär' ein Gott …: WA I, 2, S. 215.
25 Aus dem Nachlaß. Zahme Xenien VII: WA I, 5/1, S. 87.
26 Gotthold Ephraim Lessing: Die Religion Christi (1780). In: Lessing, Werke. Hrsg. von Herbert G. Göpfert. Bd. 7, München 1976, S. 711f.
27 Süßes Kind, die Perlenreihen, V. 21–24: WA I, 6, S. 288.

28 Goethe zu Eckermann, 11. März 1832. In: Eckermann, S. 718.
29 Urfaust, V. 454–457: Der junge Goethe, Bd. 5, S. 298.
30 Die Geheimnisse, V. 58; 61f.: WA I, 16, S. 173.
31 Ebd., V. 69.
32 Epigramme. Venedig 1790, Nr. 66: WA I, 1, S. 323.
33 Goethe an Zelter. Weimar, 7. Juni 1831: WA IV, 48, S. 223.
34 Wilhelm Meisters Wanderjahre, 2. Buch, 2. Kap.: WA I, 24, S. 255.
35 Vgl. die Verse in den *Zahmen Xenien IX* aus dem Nachlass (WA I, 5/1, S. 131):

Mit Kirchengeschichte was hab' ich zu schaffen?
Ich sehe weiter nichts als Pfaffen [...]

Es ist die ganze Kirchengeschichte
Mischmasch von Irrthum und von Gewalt.

36 Italienische Reise I: Rom, 6. Januar 1787: WA I, 30, S. 247.
37 Dichtung und Wahrheit, 7. Buch: WA I, 27, S. 118–124.
38 Vgl. Sulpiz Boisserée an Goethe. Heidelberg, 20. Dezember 1812. In: Briefe an Goethe (Anm. 17), Bd. 2, Hamburg 1969, S. 129.
39 Vgl. verschiedene Briefwechsel innerhalb von Goethes Bekanntenkreis (Böttiger, Rochlitz, von Voigt, Voß d. J., Niebuhr, Perthes) vom November 1812 bis Februar 1813. In: Goethe in vertraulichen Briefen seiner Zeitgenossen. Zusammengestellt von Wilhelm Bode. Bd. 2, Berlin 1921 (Neudruck Bern 1969), S. 378, 380f., 385f., 387, 389f.
40 Sanct Rochus-Fest zu Bingen: WA I, 34/1, S. 1–45.
41 Ebd., S. 29–33 und 37–43.
42 Maximen und Reflexionen, Nr. 807 (um 1813). – Ähnlich äußert sich Goethe in einem Brief an Friedrich Heinrich Jacobi, 6. Januar 1813: WA IV, 23, S. 226. – Eine analoge Unterscheidung hatten schon 1795 Hegel, Schelling und Hölderlin im „Ältesten Systemprogramm des deutschen Idealismus" postuliert: „Monotheismus der Vernunft und des Herzens, Polytheismus der Einbildungskraft und der Kunst, dis ists, was wir bedürfen!" (Hölderlin: Sämtliche Werke. Stuttgarter Hölderlin-Ausgabe. Hrsg. von Friedrich Beißner. Bd. 4, Stuttgart 1961, S. 298).
43 Die Entfremdung Goethes vom christlichen Glauben in den mittleren Jahren und seine Wiederannäherung an metaphysische Vor-

stellungen im Alter betont schon Werner Keller: Altersmystik? (Anm. 2), bes. S. 239–241.

44 Dichtung und Wahrheit, 20. Buch: WA I, 29, S. 173–177.

45 Näheres dazu in meinem Vortrag „Das Problem der morphologischen Lebensdeutung in Goethes *Dichtung und Wahrheit*", in: Goethe-Jahrbuch 116 (1999), S. 291–299.

46 Dichtung und Wahrheit, 20. Buch: WA I, 29, S. 173.

47 Ebd., S. 176.

48 Wilhelm Meisters Lehrjahre, 6. Buch: WA I, 22, S. 259–356.

49 Wilhelm Meisters Wanderjahre, 2. Buch, 1. und 2. Kap.: WA I, 24, S. 231–259; die Zitate S. 243–245, 253–255. – Vgl. dazu Schings (Anm. 2), S. 896–898.

50 Friedrich Ohly („Goethes Ehrfurchten – ein *ordo caritatis*", in: Euphorion 55 [1961], S. 113–145 und 405–448) hat gezeigt, wie Goethe durch diesen Schritt den *ordo caritatis* der augustinischen Tradition umstürzt, indem er nicht mehr Gott, sondern den Menschen zum Ziel aller Ehrfurchten erklärt (S. 410f.).

51 Faust I, V. 737–807: WA I, 14, S. 41–44.

52 Urfaust, Szene „Marthens Garten", V. 1107–1213: Der junge Goethe, Bd. 5, S. 329–334. – Faust I, Szene „Marthens Garten", V. 3414–3520: WA I, 14, S. 172–177.

53 Urfaust, V. 1160f.; Faust I, V. 3467f.

54 Vgl. Albrecht Schöne: Kommentare zu Johann Wolfgang Goethe, Faust. 4., überarbeitete Auflage. Frankfurt am Main 1999 (Frankfurter Ausgabe, I. Abt., Bd. 7/2), S. 885.

55 Werner Keller: Faust. Eine Tragödie. In: Goethes Dramen. Neue Interpretationen. Hrsg. von Walter Hinderer. Stuttgart 1980, ^{2}1992, S. 258–329; hier S. 314.

56 Faust I, Szene „Kerker", V. 4405–4612: WA I, 14, S. 229–238.

57 Faust I, V. 4603f.

58 Ebd., V. 4605, 4607–4609.

59 Ebd., V. 4611.

60 Doktor Johannes Faust. Puppenspiel in vier Aufzügen, hergestellt von Karl Simrock. Hrsg. von Günther Mahal. Stuttgart 1991 (Reclams Universal-Bibliothek 6378), S. 50, 52. – Doktor Johann Faust. Schauspiel in zwei Teilen (Vom Ulmer Puppentheater). In: Ebd., S. 83.

61 Faust I, V. 4611.
62 Faust II, Szene „Bergschluchten, Wald, Fels, Einöde", V. 11844–12111: WA I, 15/1, S. 327–337.
63 Goethe zu Eckermann, 6. Juni 1831. In: Eckermann, S. 471 f.
64 Faust II, nach V. 11824 und vor V. 11934.
65 Ebd., V. 11934–11941.
66 Vgl. Faust. Eine Tragödie, Prolog im Himmel, V. 340–343: WA I, 14, S. 23.
67 Siehe Paralipomena zu *Faust II,* 5. Akt, Nr. 195: WA I, 15/2, S. 243, Z. 8–10; vgl. auch Paralipomena zu *Faust II,* Älteste Phase, Nr. 95: Ebd., S. 187.
68 Faust II, V. 12102 f.
69 Ebd., vor V. 12069.
70 Ebd., V. 12069–12075; die folgenden Zitate ebd., V. 12094, 12110, 12099.
71 Vgl. Schöne (Anm. 54), S. 793. Dieser Vervollkommnungsprozess Faustens ist aber nicht notwendig Ausdruck der Lehre des Origenes von der Wiederbringung aller (!); so aber Schöne, ebd., S. 788–795.
72 West-östlicher Divan, Buch des Paradieses (1819): „Höheres und Höchstes", V. 44: WA I, 6, S. 266. – Näheres zu diesem Gedicht siehe unten S. 121 f.

Goethes Religiosität

1 Mit Goethes Religiosität haben sich nach Otto Harnack, Eduard Spranger, Friedrich Gogarten und Wilhelm Flitner näher beschäftigt: Hermann Kunisch: Goethe-Studien. Berlin 1991 (Schriften zur Literaturwissenschaft 7), vor allem im 2. Kap. („Goethes Frömmigkeit"), S. 84–130. – Erich Trunz: Goethes religiöse Gedankenwelt, dargestellt auf Grund der Gedichte und des *Faust*-Schlusses. In: E. T.: Weltbild und Dichtung im Zeitalter Goethes. Acht Studien. Weimar 1993 (Schriften der Goethe-Gesellschaft 63), S. 125–144. – Hans-Jürgen Schings: Artikel „Religion/Religiosität". In: Goethe-Handbuch, Bd. 4/2, S. 892–898. – Peter Hofmann: Goethes Theologie. Paderborn 2001, bes. Teil II, Kap. 3.3, S. 330–354. – Wolfgang Frühwald: Eine „zarte Religion" oder Der Glaube

Goethes. In: Die Religionen der Welt. Hrsg. von Hans-Joachim Simm. Frankfurt am Main [2]2007, S. 354–373.

2 Ephemerides, Januar – März 1770. In: Der junge Goethe, Bd. 1, S. 426–440; hier S. 426f.

3 Ebd., S. 427.

4 Dieses und das folgende Zitat nach: Johann Wolfgang Goethe: Von Frankfurt nach Weimar. Briefe, Tagebücher und Gespräche vom 23. Mai 1764 bis 30. Oktober 1775. Hrsg. von Wilhelm Große (Frankfurter Ausgabe, II. Abt., Bd. 1). Frankfurt am Main 1997, S. 716.

5 Ephemerides, Januar – März 1770. In: Der junge Goethe, Bd. 1, S. 431.

6 Unsicher ist die Autorschaft Goethes für Hanna Fischer-Lamberg in: Der junge Goethe, Bd. 1, S. 511 (zu 431, 19). – Für die Autorschaft plädieren Martin Bollacher: Der junge Goethe und Spinoza. Tübingen 1969, S. 19, und Rolf Christian Zimmermann: Das Weltbild des jungen Goethe. Bd. 1, München 1969, S. 76. – Wilhelm Dilthey: Gesammelte Schriften, Bd. 2, Leipzig und Berlin 1914, S. 395 nimmt sie als gegeben an.

7 Übersetzung hier und im Folgenden von Wilhelm Dilthey (Anm. 6), S. 395.

8 „[…] indeed a second Maker, a just Prometheus under Jove“: Anthony Ashley Cooper, Third Earl of Shaftesbury: Characteristics of Men, Manners, Opinions, Times. London 1711 (3. Abhandlung Soliloquy). Ed. by J. M. Robertson. Gloucester (Mass.) 1963 (Reprint der Ausgabe von 1900), Bd. 1, S. 136. – Die von Shaftesbury noch betonte Unterordnung des Prometheus unter Jupiter wird von den Stürmern und Drängern nicht mehr anerkannt.

9 Zu dieser Ode vgl. unten S. 83–85.

10 Ganymed. In: Der junge Goethe, Bd. 4, S. 30.

11 Die Leiden des jungen Werthers (1774). In: Der junge Goethe, Bd. 4, S. 106f.

12 Ebd., S. 138f.

13 Rezension in den *Frankfurter Gelehrten Anzeigen*, Nr. 101 (18. 12. 1772) über: Die schönen Künste in ihrem Ursprung, ihrer wahren Natur und besten Anwendung, betrachtet von J. G. Sulzer. Leipzig 1772. In: Der junge Goethe, Bd. 3, S. 93–97; hier S. 95.

14 Urfaust, Szene „Nacht". In: Der junge Goethe, Bd. 5, S. 272–280.

15 Solche bildhaft-schematischen Weltformeln sind von Vertretern der Pansophie in der Nachfolge des Paracelsus immer wieder gezeichnet worden, von Jakob Böhme über Johannes Kepler (*Harmonices mundi,* 1619) bis zu den von Goethe benutzten Werken *Aurea catena Homeri* (1723, ^{4}1757) und Georg von Wellings *Opus mago-cabbalisticum et theosophicum* (1721, ^{2}1760).

16 Paralipomenon 1 zu *Faust* (um 1800): WA I, 14, S. 287.

17 S. oben S. 26f.

18 Sehnsucht. In: Der junge Goethe, Bd. 5, S. 266. – Zur Datierung und Überlieferung des Gedichts vgl. Erich Trunz in: Goethes Werke. Hamburger Ausgabe. Bd. 1, München ^{16}1996, S. 525f. – Vgl. zur Behandlung dieses und einiger weiterer Gedichte in diesem Kapitel den Überblick von Erich Trunz: Goethes religiöse Gedankenwelt (Anm. 1).

19 Max Kommerell: Gedanken über Gedichte. Frankfurt am Main ^{4}1985, S. 80.

20 Vgl. die eindringliche Interpretation beider Gedichte durch Gerhard Kaiser: Geschichte der deutschen Lyrik von Goethe bis zur Gegenwart. Ein Grundriß in Interpretationen. Bd. 1: Von Goethe bis Heine. Frankfurt am Main und Leipzig 1996, S. 262–267.

21 Wandrers Nachtlied „Der du von dem Himmel bist": WA I, 1, S. 98.

22 Ein Gleiches: „Über allen Gipfeln": Ebd.

23 S. unten S. 87–94.

24 Näheres über das Verhältnis Goethes zu Spinoza bei Martin Bollacher: Der junge Goethe und Spinoza. Studien zur Geschichte des Spinozismus in der Epoche des Sturms und Drangs. Tübingen 1969; Hermann Timm: Gott und die Freiheit. Studien zur Religionsphilosophie der Goethezeit. Bd. 1: Die Spinozarenaissance. Frankfurt am Main 1974; Hans-Jürgen Schings: Artikel „Religion/Religiosität". In: Goethe-Handbuch, Bd. 4/2, S. 892–898; hier S. 895f.

25 Lavaters Bericht über ein Gespräch mit Goethe auf ihrer gemeinsamen Reise von Frankfurt nach Bad Ems im Tagebuch vom 28. Juni 1774. In: Goethe und Lavater. Briefe und Tagebücher. Hrsg. von Heinrich Funck. Weimar 1901 (Schriften der Goethe-Gesellschaft 16), S. 291f.

26 Die Geheimnisse. Fragment von Goethe (1816): WA I, 41/1, S. 104: Nach Spinoza, Ethica V, prop. XXXVI, corollarium: „quod amor Dei erga homines, et Mentis erga Deum Amor intellectualis unum, et idem sit.“
27 Vgl. dazu Peter Hofmann: Goethes Theologie. Paderborn 2001, bes. Teil II, Kap. 3.3, S. 330–354.
28 Goethe an Friedrich Heinrich Jacobi. Ilmenau, 9. Juni 1785: WA IV, 7, S. 63, 64, 62.
29 Studie nach Spinoza (1785): WA II, 11, S. 315f.
30 Zweiter Römischer Aufenthalt, 28. August 1787: WA I, 32, S. 63.
31 Johann Gottfried Herder: Gott. Einige Gespräche. Gotha 1787. In: Herder, Sämtliche Werke, Bd. 16, S. 401–572; hier S. 495, 487, 519.
32 Zweiter Römischer Aufenthalt, 6. September 1787: WA I, 32, S. 77.
33 Ebd., S. 77f.
34 Werner Danckert: Goethe. Der mythische Urgrund seiner Weltschau. Berlin 1951, S. 455.
35 Dichtung und Wahrheit, 16. Buch: WA I, 29, S. 12. – Vgl. Spinoza, Ethica I, prop. XXXIII: „Res nullo alio modo, neque alio ordine a Deo produci potuerunt, quam productae sunt.“
36 Goethe an Friedrich Heinrich Jacobi. Weimar, 23. November 1801: WA IV, 15, S. 280.
37 Vgl. Goethe an Friedrich Heinrich Jacobi. Ilmenau, 5. Mai 1786: WA IV, 7, S. 214.
38 Goethe: Erläuterung zu dem aphoristischen Aufsatz „Die Natur“ (1828): WA II, 11, S. 11.
39 Die Metamorphose der Pflanzen (Elegie): WA I, 1, S. 290–292, und WA II, 6, S. 140–143.
40 Goethe an Friedrich Heinrich Jacobi. Weimar, 23. November 1801: WA IV, 15, S. 280f.
41 Zur Morphologie I: WA II, 6, S. 1.
42 Goethe konnte diesen Vers hier deshalb verwenden, weil er Luthers Original-Übersetzung zitiert: „SIhe / er gehet fur mir vber / ehe ich's gewar werde / vnd verwandelt sich ehe ich's mercke“ (Biblia: Das ist: Die gantze Heilige Schrifft / Deudsch / Auffs new zugericht. D. Mart. Luth. […] Gedruckt zu Wittemberg / Durch Hans Lufft. 1545, Faksimile-Neudruck Stuttgart 1967). Luthers Vorlagen dagegen zeigen statt des hier entscheidenden Wortes „verwandelt sich“ die

Wendungen „fährt daher“ (hebräischer Urtext: wᵊyahᵃlop), „geht vorüber“ (Septuaginta: παρέλθῃ) oder „geht fort“ (Vulgata: abierit), wiederholen im Grunde also nur das erste Verb des Verses; spätere Revisionen der Lutherbibel haben denn auch die Stelle in „wandelt vorüber“ geändert.

43 Aus der Gruppe *Zahme Xenien III* (1827): WA I, 3, S. 279. – Vgl. zum Folgenden Albrecht Schöne: Goethes Farbentheologie. München 1987, S. 101–103 und 213f.

44 Erstdruck (in einer leicht abweichenden Fassung) in: Zur Farbenlehre. Didaktischer Teil. Tübingen 1808, Einleitung: WA II, 1, S. XXXI. – Die folgenden Zitate: Ebd.

45 Plotinos: Enneades I, 6, 9 (Περὶ τοῦ καλοῦ): Plotini Opera. Tom. I: Porphyrii vita Plotini. Enneades I–III. Ed. Paul Henry et Hans-Rudolf Schwyzer. Paris, Bruxelles 1951, S. 117, Z. 30–31. Übersetzung: Denn nie hat ein Auge die Sonne gesehen, wenn es nicht sonnengestaltig geschaffen war. – Am 30. August 1805 dankt Goethe Friedrich August Wolf für die Übersendung des griechischen Urtextes, nachdem ihm zuvor nur die lateinische Übersetzung des Marsilius Ficinus zur Verfügung stand. Am gleichen Tag oder kurz darauf entsteht der Vierzeiler; vgl. dessen Eintrag in ein Stammbuch, datiert „Lauchstedt d. 1 Sept 1805.“ (Goethe-Museum Düsseldorf).

46 Paralipomena II: Fol. 175–176: „Das Auge“ (Fragment, von Riemers Hand, Winter 1805/06): WA II, 5/2, S. 12, Z. 29–32.

47 Plotini Opera I (Anm. 45), S. 117, Z. 32–34. Übersetzung: Darum werde jeder erst gottgestaltig und schön, wenn er Gott und das Schöne sehen will.

48 Faksimile dieses Eintrags in: Goethes Leben in Bilddokumenten. Hrsg. von Jörn Göres. München 1981, S. 186. – Vgl. Marcus Manilius: Astronomica – Astrologie. Lateinisch/Deutsch. Übersetzt und hrsg. von Wolfgang Fels. Stuttgart 1990, 2. Buch, V. 115f. Übersetzung: Wer könnte den Himmel ohne Hilfe des Himmels erkennen / Und einen Gott finden, wenn er nicht selbst von den Göttern ein Teil ist?

49 Goethe an Friedrich Heinrich Jacobi. Ilmenau, 5. Mai 1786: WA IV, 7, S. 214.

50 Vgl. zum Folgenden meine Wortmonographie *„Fromm“ bei Goethe* (Tübingen 1967), S. 230–282.

51 Goethe an Jenny von Voigts. Weimar, 21. Juni 1781: WA IV, 5, S. 145.
52 Goethe an Johann Gottfried und Caroline Herder. Rom, 10. November 1786: WA IV, 8, S. 50f.
53 Goethe an Johann Gottfried und Caroline Herder. Rom, 2. Dezember 1786: Ebd., S. 76.
54 Goethe an Johann Gottfried Herder. Rom, 13. Januar 1787: Ebd., S. 135.
55 Italienische Reise I. Rom, 22. Januar 1787 (Redaktion 1814/16): WA I, 30, S. 259.
56 Goethe an Zelter. Jena, 16. Dezember 1817: WA IV, 28, S. 336.
57 Morphologie Plp. IV Martius (1823/24): WA II, 7, S. 349.
58 Goethe an Zelter. Weimar, 29. März 1827: WA IV, 42, S. 106.
59 Betrachtungen im Sinne der Wanderer (1829): Maximen und Reflexionen, Nr. 573; auch in: Über Naturwissenschaft im Allgemeinen, einzelne Betrachtungen und Aphorismen: WA II, 11, S. 130.
60 Campagne in Frankreich: Münster, November 1792 (1820/21): WA I, 33, S. 242.
61 Goethe an C. L. F. Schultz. Weimar, 28. November 1821: WA IV, 35, S. 193.
62 Tag- und Jahres-Hefte 1814 (geschrieben um 1825): WA I, 36, S. 89.
63 Procemion: WA I, 3, S. 73f.
64 Bildungstrieb. In: Zur Morphologie I, 2 (1820): WA II, 7, S. 72.
65 S. oben S. 16f.
66 Hermann Brunnhofer: Giordano Brunos Einfluß auf Goethe. In: Goethe-Jahrbuch 7 (1886), S. 241–250; hier S. 244f.
67 Ernst Beutler, in: Goethe-Kalender 28 (1935), S. 214–217 (Faksimile der Handschrift S. 215).
68 Vgl. Giordano Bruno, De Immenso et Innumerabilibus: Jordani Bruni Nolani Opera latine conscripta publicis sumptibus edita. 4 Bde. Hrsg. von Francesco Fiorentino u. a. Neapel 1879–1891; hier Bd. I, 2, S. 158. Übersetzung: Gott ist keine Intelligenz außerhalb (der Welt), die (diese) im Kreise dreht und leitet. Würdiger muß es für ihn sein, das innere Prinzip der Bewegung zu bilden, eine Natur aus sich, von eigener Art, eine Seele für sich, an der alles teil hat, soviel in seinem Schoß und Leibe lebt (Beutler [Anm. 67], S. 217).

69 Maximen und Reflexionen, Nr. 812. – Vgl. Keplers Satz in lateinischer Originalfassung (ebd., S. 365): „Nihil enim est quod scrupulosius examinem quodque adeo scire desiderem: si forte Deum quem in totius Universi contemplatione manibus veluti palpo intra me ipsum etiam invenire possim." Übersetzung: Denn es gibt nichts, was ich genauer erwäge und was ich so sehr zu wissen wünsche: ob ich vielleicht Gott, den ich bei der Betrachtung des ganzen Universums gleichsam mit Händen streichle, auch innerhalb meiner selbst finden kann.

70 Wilhelm Meisters Wanderjahre I, 6: WA I, 24, S. 94.

71 Wilhelm Meisters Wanderjahre III, 14: WA I, 25/1, S. 277 und 267.

72 Wilhelm Meisters Wanderjahre I, 6: WA I, 24, S. 94f.

73 Wilhelm Meisters Wanderjahre III, 15: WA I, 25/1, S. 284.

74 Ebd., S. 281.

75 Eins und Alles: WA I, 3, S. 81.

76 Selige Sehnsucht: WA I, 6, S. 28, V. 18. – Näheres zu diesem Gedicht siehe unten S. 106f.

77 Veni Creator Spiritus: WA I, 4, S. 329f.

78 Goethe an Zelter. Weimar, 18. Februar 1821: WA IV, 34, S. 130.

79 Vgl. dazu Bernhard Sorg: Artikel „Eins und Alles", in: Goethe-Handbuch, Bd. 1, S. 474–478; hier S. 476.

80 Vermächtniß: WA I, 3, S. 82–83.

81 Eine reiche Auswahl bietet die von Peter Meuer besorgte Sammlung: Abschied und Übergang. Goethes Gedanken über Tod und Unsterblichkeit. Erläuterungen und Nachwort von Werner Keller. Zürich 1993.

82 Goethe an Zelter. Weimar, 19. März 1827: WA IV, 42, S. 95.

83 Erich Trunz: Anmerkungen zu *Eins und Alles.* In: Goethes Werke. Hamburger Ausgabe. Bd. 1, Hamburg ^{4}1958, S. 571; Ders.: Drei weltanschauliche Gedichte Goethes. In: Jahrbuch des Freien Deutschen Hochstifts 1992, S. 69–94; hier S. 76–83. Gegen die Deutung von Trunz haben sich gewandt: Dorothea Hölscher-Lohmeyer: Die Entwicklung des Goetheschen Naturdenkens im Spiegel seiner Lyrik – am Beispiel der Gedichte *Mailied – Selige Sehnsucht – Eins und Alles.* In: Goethe-Jahrbuch 99 (1982), S. 11–31; hier S. 27, und Sorg (Anm. 79), S. 477.

84 Max Kommerell (Anm. 19), S. 211.

85 Im ernsten Beinhaus war's …: WA I, 1, S. 93–94. – Das Gedicht erschien erstmals in der Ausgabe letzter Hand (Bd. 23, 1829) als Anhang zum Dritten Buch von *Wilhelm Meisters Wanderjahren,* ohne Titel. Erst die Nachlassherausgeber überschrieben es mit *Bei Betrachtung von Schillers Schädel* (ebd., Bd. 47, 1833), bezugnehmend auf den biographischen Hintergrund, die Exhumierung der Gebeine Schillers 1826 und die zeitweilige Aufbewahrung des Schädels in der Weimarer Bibliothek und in Goethes Haus. Das Gedicht selbst bringt keinen Hinweis auf Schiller, distanziert sich bewusst von den historischen Umständen. – Zum Folgenden vgl. Günther Müller: Goethe, Schillers Reliquien. In: Die deutsche Lyrik. Hrsg. von Benno von Wiese. Bd. 1, Düsseldorf 1956, S. 279–289; Albrecht Schöne: Schillers Schädel. München 2002, S. 55–77.

86 Maximen und Reflexionen, Nr. 999.

87 Goethe: Erläuterung zu dem aphoristischen Aufsatz „Die Natur" (1828): WA II, 11, S. 11.

88 Urworte. Orphisch: WA I, 3, S. 95–96.

89 Briefe über Homer und Hesiodus vorzüglich über die Theogonie von Gottfried Hermann und Friedrich Creuzer. Heidelberg 1817.

90 Georg Zoegas Abhandlungen. Hrsg. und mit Zusätzen begleitet von Friedrich Gottlieb Welcker. Göttingen 1817, S. 32–55: II. Abhandlung „Tyche und Nemesis"; hier S. 39f.

91 Auch dies hat Zoega vermittelt. Am 7. Oktober 1817, einen Tag vor der Niederschrift der *Urworte. Orphisch,* notiert Goethe im Tagebuch: „Zoegas Abhandlungen mit Welckers Noten. Orphische Begriffe." (WA III, 6, S. 119). Solche Begriffe konnte er in Zoegas V. Abhandlung „Ueber den uranfänglichen Gott der Orphiker" (S. 211–264) finden, die aus dem Argonautengedicht die theogonische Ahnenreihe „Chaos, Kronos, Aether und Eros, Nyx" aufzählt und dabei die Wendung von der „unbezwungenen Nothwendigkeit (ἀμέγαρτον ἀνάγκην) des alten Chaos" zitiert (S. 228f.). Über die Brücke der gemeinsamen Begriffe Eros und Ananke hat Goethe dann auch die übrigen Götternamen bei Macrobius (und die Elpis) für orphisch erklärt.

92 Pandora. Ein Festspiel, V. 321–402 und 746–758: WA I, 50, S. 311–315 und S. 332.

93 Zu dieser Deutung tendieren: Kommerell (Anm. 19), S. 201; Wilhelm Flitner: Goethe im Spätwerk. Glaube, Weltsicht, Ethos. Bremen 1957 (Sammlung Dieterich 175), S. 378; Trunz: Goethes Werke (Anm. 18), Bd. 1, S. 722; Keller (Anm. 81), S. 71. – Für eine innerweltliche Deutung der Elpis plädieren Theo Buck und Jochen Schmidt. Buck sieht in ihr eine „durchaus irdische Erlösungshoffnung" (Artikel „Urworte. Orphisch", in: Goethe-Handbuch, Bd. 1, S. 363) und Schmidt spricht zwar von der „universellen Entgrenzung" des Daseins durch die sich „auf ein Jenseits" richtende Hoffnung, sieht aber gerade darin „das Illusionäre und die alterspsychologische Bedingtheit der Elpis", beschränkt diese also auf die Rolle der Trösterin Elpore (Goethes Altersgedicht *Urworte. Orphisch.* Grenzerfahrung und Entgrenzung. Heidelberg 2006 [Schriften der Philosophisch-historischen Klasse der Heidelberger Akademie der Wissenschaften 37], S. 26).

94 Des Epimenides Erwachen. Ein Festspiel: WA I, 16, S. 331–381; hier S. 365.

95 [Goethes Erläuterung zu] Urworte. Orphisch: WA I, 41/1, S. 221.

96 Elegie: WA I, 3, S. 21–26; 14. Strophe: S. 24.

97 „den ewig Ungenannten" fasse ich als Akkusativ Singular, da ein Wechsel vom Singular zum Plural innerhalb der Strophe einem Bildbruch gleichkäme. Vgl. Trunz: Goethes Werke (Anm. 18), Bd. 1, S. 764.

98 Vgl. Kommerell (Anm. 19), S. 154: „dem Dank aber wird der in seiner Unendlichkeit verhüllte Geber zur Person; der Dank, der Gott auffindet, ist Enträtselung."

99 Dieser Ausdruck versteht sich als Gegensatz zur Bezeichnung des Numinosen als des „Ganz-Anderen" in Rudolf Otto: Das Heilige. München ^{35}1963, S. 31 u. ö.

100 Ueber Kunst und Alterthum V, 2 (1825): WA I, 41/2, S. 163.

101 Goethe an Riemer. Jena, 28. Oktober 1821: WA IV, 35, S. 158.

Die Bibel als Quelle für Goethes Sprache und Dichtung

1 Vgl. zum Folgenden: Rolf P. Lessenich: Dichtungsgeschmack und althebräische Bibelposie im 18. Jahrhundert. Zur Geschichte der englischen Literaturkritik. Köln, Graz 1967 (Anglistische Studien 4). – Dieter Gutzen: Poesie der Bibel. Beobachtungen zu ihrer Entdeckung und ihrer Interpretation im 18. Jahrhundert. Diss. Bonn 1972. – Joachim Dyck: Athen und Jerusalem. Die Tradition der argumentativen Verknüpfung von Bibel und Poesie im 17. und 18. Jahrhundert. München 1977, bes. S. 91 ff.

2 Diesen Gegensatz zwischen „natürlicher" und „künstlicher" Dichtung („poésie naturelle" und „poésie méthodique et artificielle") betont vor allem Augustin Calmet: Commentaire littéral (s. u.), zitiert bei Lessenich (Anm. 1), S. 7 und – nach der deutschen Übersetzung von Johann Lorenz Mosheim (Augustin Calmets Biblische Untersuchungen […] Bremen 1738. Bd. 2, S. 130) – bei Dyck (Anm. 1), S. 97.

3 Johann Gottfried Herder: Vom Geist der Ebräischen Poesie. Eine Anleitung für die Liebhaber derselben, und der ältesten Geschichte des menschlichen Geistes. Zweiter Theil. Deßau 1783. In: Herder, Sämtliche Werke, Bd. 12, S. 210.

4 Vgl. Herder: Ueber die neuere Deutsche Litteratur. Erste Sammlung von Fragmenten. Eine Beilage zu den Briefen, die neueste Litteratur betreffend. 1767: 2. Von den Lebensaltern einer Sprache. In: Ebd., Bd. 1, S. 151 ff.

5 Vgl. Herder: Abhandlung über den Ursprung der Sprache. Berlin 1772. In: Ebd., Bd. 5, S. 78.

6 Vgl. Herder: Von Deutscher Art und Kunst. Einige fliegende Blätter. Hamburg 1773: I. Auszug aus einem Briefwechsel über Oßian und die Lieder alter Völker. In: Ebd., Bd. 5, S. 198.

7 Vgl. Herder: Ueber die neuere Deutsche Litteratur. Zwote Sammlung von Fragmenten. Eine Beilage zu den Briefen, die neueste Litteratur betreffend. 1767: Von den Deutsch-Orientalischen Dichtern. In: Ebd., Bd. 1, S. 258 f.

8 Ebd., Bd. 1, S. 260.

9 Dichtung und Wahrheit, 7. Buch: WA I, 27, S. 96.

10 WA III, 1, S. 26f.
11 Caroline Herder an ihren Mann. Weimar, 8. August 1788. In: Goethe in vertraulichen Briefen seiner Zeitgenossen. Zusammengestellt von Wilhelm Bode. Bd. 1, Berlin 1921 (Neudruck Bern 1969), S. 376.
12 Vgl. auch Alfred Mundhenk: „So ihr stille wärt, würde euch geholfen." Der Hintergrund eines Goetheschen Bibelmottos. In: Die Sammlung 4 (1949), S. 705–712.
13 Überblicke über Goethes Umgang mit der Bibel in poetischer wie in historisch-kritischer Hinsicht bieten das Kapitel „Östliche Wanderungen" in dem noch immer lesenswerten Buch von Hans Heinrich Schaeder: Goethes Erlebnis des Ostens. Leipzig 1938, und die Freiburger Dissertation von Luz-Maria Linder: Goethes Bibelrezeption. Hermeneutische Reflexion, fiktionale Darstellung, historisch-kritische Bearbeitung. Frankfurt am Main 1998.
14 Dichtung und Wahrheit, 12. Buch: WA I, 28, S. 101f.
15 Vgl. Albrecht Schöne: Säkularisation als sprachbildende Kraft. Studien zur Dichtung deutscher Pfarrersöhne. Göttingen [2]1968 (Palaestra 226), S. 88f.
16 WA IV, 24, S. 44. – Vgl. Jes. 63,3.
17 WA IV, 27, S. 104. – Vgl. Matth. 13,3f.
18 Der junge Goethe, Bd. 4, S. 271 (V. 37–41).
19 WA I, 15/1, S. 301, V. 11286f.
20 Goethe an Johann Heinrich Meyer. Weimar, 20. Juli 1831: WA IV, 49, S. 11. – Vgl. Pred. 3,10.
21 WA I, 6, S. 119.
22 Siehe Erich Trunz: Kommentar zum „Buch der Sprüche". In: Goethes Werke. Hamburger Ausgabe. Bd. 2, München [10]1976, S. 587f. (zu Nr. 21, 30, 33, 47, 52).
23 WA I, 7, S. 3.
24 Auch Hanna Fischer-Lamberg unterscheidet in ihrer Studie: Das Bibelzitat beim jungen Goethe (in: Gedenkschrift für Ferdinand Josef Schneider. Weimar 1956, S. 201–221) zwischen anschaulichen „Kernstellen", „Spruchzitaten" und Beispielen der „Auflockerung" von Bibelworten (S. 210f.); doch fasst sie diese Gruppen zu sehr als Stufen einer Entwicklung des Stürmers und Drängers auf, ohne zu bedenken, dass sie durch das gesamte Werk nebeneinander beste-

hen, sich also wenig zu Abbildern eines „inneren Werdegangs des Dichters“ eignen (S. 221).

25 Das Göttliche (1783), V. 13–16: WA I, 2, S. 83. – Näheres zu diesem Gedicht siehe unten S. 88f.

26 Der junge Goethe, Bd. 5, S. 264.

27 Elegie (1823), V. 73–76: WA I, 3, S. 23.

28 Italienische Reise I. Bologna, 19. Oktober 1786: WA I, 30, S. 166. – Vgl. 4. Mose 23, 11.

29 Goethe an Friedrich Heinrich Jacobi. Weimar, 2. April 1792: WA IV, 9, S. 297. – Vgl. Dan. 6, 22.

30 Diné zu Coblenz (1774), V. 28–31: WA I, 2, S. 267. – Vgl. Luk. 24, 13ff.

31 Italienische Reise III: Zweiter Römischer Aufenthalt. Frascati, 28. September 1787: WA I, 32, S. 85. – Vgl. Luk. 2, 49.

32 Zur Forschungsdiskussion über diese Vergleiche s. Linder (Anm. 13), S. 126–139.

33 Die Leiden des jungen Werther. 2. Buch, Brief vom 15. November: WA I, 19, S. 131. – Vgl. Matth. 27, 46.

34 Vgl. WA I, 19, S. 130 und 131.

35 Schöne (Anm. 15), S. 297.

36 Die Leiden des jungen Werther. 2. Buch, Brief vom 15. November: WA I, 19, S. 130 und 131.

37 Schöne (Anm. 15), S. 297.

38 Herbert Schöffler: Die Leiden des jungen Werther. Ihr geistesgeschichtlicher Hintergrund (1938). In: H. S.: Deutscher Geist im 18. Jahrhundert. Essays zur Geistes- und Religionsgeschichte. Göttingen ^{2}1967, S. 155–181; hier S. 175.

39 Mit der Sakralisation des Leidensgrundes, also der neuen Werte, um derentwillen er leidet, intendiert Werther noch keine Aufhebung der alten Werte, um derentwillen das Vorbild gelitten hat. Vgl. dagegen Schöffler (Anm. 38), S. 175; Schöne (Anm. 15), S. 296.

40 Die Leiden des jungen Werther. 2. Buch, Brief vom 30. November: WA I, 19, S. 137; Abschiedsbrief an Lotte, 22. Dezember: Ebd., S. 180.

41 Vgl. dagegen Hans-Jürgen Schrader, der in den Selbstvergleichen Werthers mit dem leidenden Jesus die positive Übernahme einer radikalpietistischen Tradition erblickt und darin das Bekenntnis

Goethes zur Wiederbringung aller in den Armen des „allliebenden Vaters“ angedeutet sieht: Von Patriarchensehnsucht zur Passionsemphase. Bibelallusionen und spekulative Theologie in Goethes *Werther.* In: Goethe und die Bibel. Hrsg. von Johannes Anderegg und Edith Anna Kunz. Stuttgart 2005 (Arbeiten zur Geschichte und Wirkung der Bibel 6), S. 57–88; hier S. 76–78 und 84–88.

42 Vgl. Klopstocks Essay „Von der heiligen Poesie“, erstmals gedruckt als Vorrede zum 1. Band des *Messias,* Kopenhagen 1755.

43 Der junge Goethe, Bd. 1, S. 72–76.

44 Goethe erwähnt ihn in zwei Briefen an seine Schwester Cornelia vom 11. Mai und 12. Oktober 1767 (Der junge Goethe, Bd. 1, S. 126 und 141) und in *Dichtung und Wahrheit,* 4. Buch (WA I, 26, S. 223 f.).

45 Der junge Goethe, Bd. 1, S. 199–201.

46 Es ist gut: WA I, 6, S. 236.

47 Ebd. – *Gottesgedancken* lautete auch der ursprüngliche Titel des Gedichts im Wiesbadener Register vom 30. Mai 1815 (WA I, 6, S. 315, Nr. 60).

48 Vgl. den Sammelband: Theatrum Mundi. Götter, Gott und Spielleiter im Drama von der Antike bis zur Gegenwart. Hrsg. von Franz Link und Günter Niggl. Berlin 1981, bes. Hermann Kunisch: Anfang und Schluß von Goethes *Faust,* S. 205 ff. und Günter Niggl: Formen des Welttheaters im modernen deutschen Drama, S. 347 ff.

49 Faust I, V. 328: WA I, 14, S. 22.

50 Schöne (Anm. 15), S. 92 ff., 285–287.

51 Ebd., S. 37 ff., 274–285.

52 Die Josephs-Geschichte der *Wanderjahre* entstand im Mai 1807. Vgl. Goethes Tagebuch, 17.–20. Mai 1807: WA III, 3, S. 210 f. Vorabdruck in Cottas *Damenkalender* 1810; Erstdruck des Romans 1821.

53 Wilhelm Meisters Wanderjahre. 1. Buch, 1. Kap.: WA I, 24, S. 5–7.

54 So charakterisiert es Joseph selbst (Wilhelm Meisters Wanderjahre. 1. Buch, 2. Kap.: Ebd., S. 35).

55 Ebd., S. 16.

56 Gegen diese in der Goethe-Forschung übliche positive Deutung wendet sich Hans Rudolf Vaget, der in der Josephs-Geschichte eine ironische Polemik Goethes gegen Romantiker und Nazarener sieht:

Katzengold. Kunst und Religion in *Wilhelm Meisters Wanderjahren.* In: Goethe und die Bibel (Anm. 41), S. 279–294, bes. S. 291–294. Vaget überhört dabei freilich das durchweg positive Urteil Wilhelms über die Josephs-Familie, deren Harmonie ihn sogar an sein eigenes Verhältnis zu Natalie erinnert (Wilhelm Meisters Wanderjahre. 1. Buch, 3. Kap.: WA I, 24, S. 37f.).

57 Vgl. Goethe zu Eckermann, 18. Januar 1827. In: Eckermann, S. 196.

58 Darauf macht Herman Meyer in seiner eindringlichen, von der Rede des Tierwärters ausgehenden Interpretation der *Novelle* aufmerksam: Natürlicher Enthusiasmus. Das Morgenländische in Goethes *Novelle.* Heidelberg 1973, S. 38 und 87–89, Anm. 73.

59 Novelle (1827): WA I, 18, S. 342 und 343.

60 Ebd.

61 Ebd.

62 Ebd., S. 348.

63 Ebd.

64 So aber Bernhard Seuffert: Goethes *Novelle.* In: Goethe-Jahrbuch 19 (1898), S. 139–146, und Erwin Wäsche: Honorio und der Löwe. Studie über Goethes *Novelle.* Säckingen 1947, S. 57 und 62f. – Vgl. die Kritik an dieser Auffassung bei Meyer (Anm. 58), S. 11–13.

65 Novelle (1827): WA I, 18, S. 347.

66 Ebd., S. 343 und 348.

67 Vgl. Goethe zu Eckermann, 29. Januar 1827. In: Eckermann, S. 208.

Antike Götterwelt in Goethes Dichtung

1 Johann Christoph Gottsched: Versuch einer Critischen Dichtkunst. 4., vermehrte Auflage. Leipzig 1751 (Nachdruck Darmstadt 1977), bes. V. Hauptstück: „Vom Wunderbaren in der Poesie", S. 170–197; die folgenden Zitate S. 181f., 187, 502.

2 Johann Jacob Bodmer: Critische Abhandlung von dem Wunderbaren in der Poesie. Zürich 1740 (Nachdruck Stuttgart 1966), S. 202.

3 Vgl. ebd., S. 215.

4 Christian Adolph Klotz: Epistolae Homericae. Altenburgi 1764, Epistola II.

5 Johann Gottfried Herder: Ueber die neuere Deutsche Litteratur. Fragmente, als Beilagen zu den Briefen, die neueste Litteratur betreffend. Dritte Sammlung. Riga 1767, S. 123–169: II. Vom neuern Gebrauch der Mythologie. – Wieder in: Herder, Sämtliche Werke, Bd. 1, S. 426–449; die folgenden Zitate S. 429, 448f.

6 Lessing: Laokoon, oder über die Grenzen der Malerei und Poesie. Berlin 1766. Erster Teil, Kap. VIII. – Wieder in: Lessing, Werke. Hrsg. von Herbert G. Göpfert. Bd. 6, München 1974, S. 70f.

7 Herder: Kritische Wälder. Oder Betrachtungen, die Wissenschaft und Kunst des Schönen betreffend, nach Maasgabe neuerer Schriften. Erstes Wäldchen. Herrn Leßings Laokoon gewidmet. [o. O.] 1769, S. 126–137: Nr. 11. – Wieder in: Herder, Sämtliche Werke, Bd. 3, S. 87–94; das Zitat S. 90.

8 Benjamin Hederich: Gründliches mythologisches Lexicon [...], sorgfältigst durchgesehen, ansehnlich vermehret und verbessert von Johann Joachim Schwaben. Leipzig 1770 (Nachdruck Darmstadt 1996).

9 Hederich (Anm. 8), S. VI f.

10 Ebd., S. VI. – Vgl. Herder, Sämtliche Werke, Bd. 3, S. 90.

11 Dichtung und Wahrheit, 1. Buch: WA I, 26, S. 50.

12 Dichtung und Wahrheit, 3. Buch: Ebd., S. 167.

13 Dichtung und Wahrheit, 7. Buch: WA I, 27, S. 137.

14 Ebd., S. 138.

15 Ebd., S. 138f.

16 Dichtung und Wahrheit, 10. Buch: Ebd., S. 319.

17 Vgl. Goethe an Adam Friedrich Oeser. Frankfurt, 14. Februar 1769. In: Der junge Goethe, Bd. 1, S. 274. – Goethe an Johann Gottfried Herder. Wetzlar, etwa 10. Juli 1772. In: Ebd., Bd. 2, S. 256.

18 Dichtung und Wahrheit, 10. Buch: WA I, 27, S. 320.

19 Ebd.

20 Vgl. Niklas Holzberg, Einführung in: Publius Ovidius Naso, Metamorphosen. Lateinisch-Deutsch. In deutsche Hexameter übertragen von Erich Rösch. Hrsg. von N. H. Zürich 1996 (Sammlung Tusculum), S. 742–763; hier S. 755.

21 Wandrers Sturmlied. In: Der junge Goethe, Bd. 2, S. 228–231.

22 Diese Götterhierarchie unseres Gedichts hat vor allem Heinrich Henel betont: Der Wanderer in der Not. Goethes *Wandrers Sturm-*

lied und *Harzreise im Winter* (1973). Wieder in: H. H.: Goethezeit. Ausgewählte Aufsätze. Frankfurt am Main 1980, S. 76–101; hier S. 85.

23 Prometheus (Ode). In: Der junge Goethe, Bd. 3, S. 78 f.

24 Anthony Ashley Cooper, Third Earl of Shaftesbury: Characteristics of Men, Manners, Opinions, Times. London 1711 (3. Abhandlung Soliloquy). Ed. by J. M. Robertson. Gloucester (Mass.) 1963 (Reprint der Ausgabe von 1900), Bd. 1, S. 136.

25 Vgl. dagegen Hans-Jürgen Schings, der die Kampfrede des Prometheus gegen Zeus in Parallele zu Holbachs *Système de la nature* als Ausdruck „atheistischer Radikalaufklärung" wertet und allenfalls – im Hinblick auf den Schicksalsbegriff der Ode – eine Nähe zum Pantheismus sieht: Im Gewitter gesungen – Goethes *Prometheus*-Ode als Kontrafaktur. In: Traditionen der Lyrik. Festschrift für Hans-Henrik Krummacher. Hrsg. von Wolfgang Düsing. Tübingen 1997, S. 59–71; hier S. 68 f.

26 Prometheus (Dramenfragment). In: Der junge Goethe, Bd. 3, S. 322–338.

27 Vgl. Aischylos: Der gefesselte Prometheus. Goethe kannte damals von diesem Stück wohl nur die von J. G. Sulzer im Artikel „Aeschylus" seiner *Allgemeinen Theorie der schönen Künste* (Bd. 1, 1771) übersetzten Verse 959–983 aus der Hermes-Szene; zitiert bei Oskar Walzel: Das Prometheussymbol von Shaftesbury zu Goethe. München ^{2}1932 (Reprint Darmstadt 1968), S. 71 f.

28 Ganymed. In: Der junge Goethe, Bd. 4, S. 30.

29 Dichtung und Wahrheit, 15. Buch (1814): WA I, 28, S. 314.

30 Jochen Schmidt: Die Geschichte des Genie-Gedankens in der deutschen Literatur, Philosophie und Politik 1750–1945. Bd. 1: Von der Aufklärung bis zum Idealismus. Darmstadt 1985, S. 278 f.

31 Am klarsten hat Goethe diese Polarität in seinem Weltentstehungsmythos am Ende des 8. Buches von *Dichtung und Wahrheit* (1812) veranschaulicht. Dort wird von der Schöpfung gesagt, dass sie „nichts ist und nichts war, als ein Abfallen und Zurückkehren zum Ursprünglichen", woraus für den (generell drückenden) Zustand des Menschen die Parallele gezogen wird, dass er uns „zur Pflicht macht, uns zu erheben und die Absichten der Gottheit dadurch zu erfüllen, daß wir, indem wir von einer Seite uns zu verselbsten ge-

nöthigt sind, von der andern in regelmäßigen Pulsen uns zu entselbstigen nicht versäumen“ (WA I, 27, S. 221 f.).

32 Gränzen der Menschheit: WA I, 2, S. 81 f.

33 Dabei beziehe ich das Pronomen in Vers 41 („ihres Daseins“) nicht auf die Menschen, sondern auf die Götter, da der zweipolige Charakter des Gedichts bis zum Schluss durchgehalten wird. Vgl. Erich Trunz in: Goethes Werke. Hamburger Ausgabe, Bd. 1, München [16]1996, S. 558 f. – Terence James Reed: Artikel „Grenzen der Menschheit“. In: Goethe-Handbuch, Bd. 1, S. 198–202; hier S. 201.

34 Das Göttliche: WA I, 2, S. 83–85.

35 Näheres dazu bei Terence James Reed: Artikel „Das Göttliche“. In: Goethe-Handbuch, Bd. 1, S. 202–205; hier S. 202 f.

36 Iphigenie auf Tauris: WA I, 10, S. 1–95.

37 Euripides: Iphigenie im Taurerlande. In: Euripides, Ausgewählte Tragödien [Griechisch – deutsch]. Übersetzt von Ernst Buschor. Hrsg. von Bernhard Zimmermann. Bd. 2, Zürich 1996 (Sammlung Tusculum), S. 513–615.

38 Pierre Brumoy: Le Théâtre des Grecs, Bd. 2, Paris 1730.

39 Diese Bedeutung der Hadesvision für Orests Heilung erläutert ausführlich und mit guten Gründen Klaus Weimar: „Ihr Götter!“. In: Unser Commercium. Goethes und Schillers Literaturpolitik. Hrsg. von Wilfried Barner, Eberhard Lämmert, Norbert Oellers. Stuttgart 1984 (Veröffentlichungen der Deutschen Schillergesellschaft 42), S. 303–327; hier S. 316–318.

40 Beiden Ansichten liegt eine bloß psychologische Betrachtungsweise zugrunde, die die religiösen Bezüge nur noch als Einkleidungen rein innermenschlicher Vorgänge wertet. Vgl. Heinz Otto Burger: Zur Interpretation von Goethes *Iphigenie.* In: Germanisch-Romanische Monatsschrift NF 9 (1959), S. 266–277; hier S. 272 f., und Wolfdietrich Rasch: Goethes *Iphigenie auf Tauris* als Drama der Autonomie. München 1979, S. 123–126.

41 So nennt Goethe die Szene III, 3, in der „sich Orest in der Nähe der Schwester und des Freundes wiederfindet“: Italienische Reise II (1817). Neapel, den 13. März 1787: WA I, 31, S. 48.

42 Für diese Entscheidung Iphigenies hat Klaus Weimar die lapidare Formel gefunden: „Aufstand gegen die Götter im Namen der Götter“ (Weimar [Anm. 39], S. 326).

43 Vgl. Heinz Politzer: „In Iphigenie's mind the being of the gods and their complete truthfullness are indivisibly one and the same“ (No man is an island. In: The Germanic Review 37, 1962, S. 51).

44 Zu dieser Herausforderung der Götter durch Iphigenie vgl. Terence James Reed: Artikel „Iphigenie auf Tauris“. In: Goethe-Handbuch, Bd. 2, S. 195–228; hier S. 221.

45 Seit Wolfdietrich Raschs Monographie (Anm. 40) ist es in der Forschung zur Opinio communis geworden, in der Entscheidung Iphigenies für die Wahrheit einen Akt der Autonomie, der Selbsthilfe des Menschen in völliger Unabhängigkeit von den Göttern zu sehen. Dabei bleibt unbeachtet, dass diese Entscheidung auf einem neuen Verständnis des wahrhaft Göttlichen beruht und deshalb zwar Emanzipation vom alten Götterbild, nicht aber vom Religiösen überhaupt bedeutet.

46 In der Prosafassung des Dramas sagt es Iphigenie noch ausdrücklich: „Es hört sie jeder unter jedem Himmel, dem ein edles Herz, von Göttern entsprungen, den Busen wärmt“ (WA I, 39, S. 394, Z. 17–19).

47 Karl Reinhardt: Deutsches und antikes Drama (1934). In: K. R.: Von Werken und Formen. Vorträge und Aufsätze. Godesberg 1948, S. 406–418; hier S. 409–411. – Arthur Henkel: Iphigenie auf Tauris (1958). In: A. H.: Goethe-Erfahrungen. Studien und Vorträge. Stuttgart 1982, S. 61–83; hier S. 63.

48 Karl Philipp Moritz: Götterlehre oder Mythologische Dichtungen der Alten. Berlin 1791. – Zitate nach der Neuausgabe: Karl Philipp Moritz: Götterlehre. Hrsg. von Horst Günther. Frankfurt am Main 1999 (insel taschenbuch 2507), S. 9.

49 Siehe oben S. 77 f.

50 Italienische Reise III: Zweiter Römischer Aufenthalt, Bericht August 1787 (geschrieben 1829): WA I, 32, S. 70.

51 Römische Elegien: WA I, 1, S. 231–262.

52 Eine gleiche Wirkung hatten schon in Properzens Elegien die Vergleiche der eigenen Liebeserlebnisse mit Geschehnissen der griechischen Sage. Vgl. Friedrich Klingner: Liebeselegien. Goethes römische Vorbilder. In: F. K.: Römische Geisteswelt. München ^{5}1965, S. 419–429; hier S. 428.

53 Achilleis. Erster Gesang: WA I, 50, S. 269–294.

54 Goethe an Schiller. Weimar, 12. Mai 1798: WA IV, 13, S. 141.

55 Zum Folgenden vgl. Albin Lesky: Geschichte der griechischen Literatur. Bern und München [3]1971, S. 87–95 (Ilias und Odyssee: Götter und Menschen). – Dieter Martin: Das deutsche Versepos im 18. Jahrhundert. Studien und kommentierte Gattungsbibliographie. Berlin, New York 1993 (Quellen und Forschungen zur Sprach- und Kulturgeschichte der germanischen Völker. N. F. 103), S. 292–303 (Die *Achilleis* zwischen Mythos und Moderne). – Elke Dreisbach: Goethes *Achilleis.* Heidelberg 1994 (Beiträge zur Neueren Literaturgeschichte. 3. Folge, Bd. 130), bes. S. 214–220.

56 Urworte. Orphisch: WA I, 3, S. 95f.

57 Näheres dazu oben S. 55f. Vgl. auch Rudolf Pfeiffer: Goethe und der griechische Geist (1934). Wieder in: R. P.: Ausgewählte Schriften. Aufsätze und Vorträge zur griechischen Dichtung und zum Humanismus. Hrsg. von Winfried Bühler. München 1960, S. 235–255; hier S. 244.

58 Wolfgang Schadewaldt hat diesen zentralen Begriff Goethes anhand zahlreicher Belege kommentiert: Zu den Begriffen Augenblick – Moment – Stunde. In: W. Sch.: Goethestudien. Natur und Altertum. Zürich und Stuttgart 1963, S. 433–446. – An anderer Stelle hat Schadewaldt Goethes Ausdruck „höchster Augenblick“ (*Faust II,* V. 11586) auch auf das Gespräch Athene – Achill bezogen: Fausts Ende und die Achilleis. In: Ebd., S. 283–300; hier S. 290–292.

59 Pandora. Ein Festspiel. Erster Aufzug: WA I, 50, S. 295–344.

60 Vgl. Emil Staiger: Goethe. Bd. 2, Zürich 1956, S. 463f. – Hans-Georg Gadamer: Die Grenze des Titanischen. In: H.-G. G.: Kleine Schriften II. Interpretationen. Tübingen 1967, S. 106–117; hier S. 115–117.

61 Faust. Der Tragödie Zweiter Teil, Zweiter Akt, Klassische Walpurgisnacht: WA I, 15/1, S. 110–176.

62 Vgl. zum Folgenden Karl Reinhardt: Die klassische Walpurgisnacht. Entstehung und Bedeutung (1945). In: K. R.: Von Werken und Formen (Anm. 47), S. 348–405. – Emil Staiger: Goethe. Bd. 3, Zürich 1959, S. 322–357. – Jochen Schmidt: Goethes Faust. Erster und Zweiter Teil. Grundlagen – Werk – Wirkung. München 1999 (Arbeitsbücher zur Literaturgeschichte), S. 226–228.

63 Friedrich Wilhelm Joseph von Schelling: Über die Gottheiten von Samothrake. Münchener Akademie-Vorlesung 1815, von Goethe 1830 konsultiert; zitiert bei Reinhardt (Anm. 47), S. 387.
64 Ebd.
65 Goethe im Abschnitt „Schönheit" seines *Winckelmann*-Essays (1805): WA I, 46, S. 28.
66 Goethe an Friedrich Heinrich Jacobi. Weimar, 7. März 1808: WA IV, 20, S. 27.
67 Vgl. Jochen Schmidt: Goethes Faust (Anm. 62), S. 227 f.

West-östliche Glaubenswelten in Goethes *Divan*

1 Tag- und Jahres-Hefte 1813 (geschrieben 1823/25): WA I, 36, S. 85.
2 Tag- und Jahres-Hefte 1815 (geschrieben 1823/25): Ebd., S. 91.
3 Goethe an Henriette von Pogwisch. Jena, 15. Oktober 1819: WA IV, 32, S. 73.
4 Hegire: WA I, 6, S. 5.
5 Siehe oben S. 12 f.
6 Vgl. Hendrik Birus: Begegnungsformen des Westlichen und Östlichen in Goethes *West-östlichem Divan.* In: Goethe-Jahrbuch 114 (1997), S. 113–131; hier S. 117–119.
7 Tag- und Jahres-Hefte 1815 (geschrieben 1823/25): WA I, 36, S. 91. – Vgl. Goethes Brief an C. G. von Voigt. Weimar, Mitte Januar 1815 (WA IV, 25, S. 154): „Genau besehen sind solche neue Studien in die man sich hineinwirft, eine Art Hegire, man flüchtet aus der Zeit in ferne Jahrhunderte und Gegenden, wo man sich etwas Paradiesähnliches erwartet." Ähnlich in einem Brief an Knebel. Weimar, 8. Februar 1815 (ebd., S. 190): „Ich segne meinen Entschluß zu dieser Hegire, denn ich bin dadurch der Zeit und dem lieben Mittel-Europa entrückt, welches für eine große Gunst des Himmels anzusehen ist, die nicht einem jeden widerfährt."
8 Vgl. die enthusiastischen Verse 14–16 im Gedicht *Unbegränzt* aus dem „Buch Hafis" (WA I, 6, S. 39): „Hafis, mit dir, mit dir allein / Will ich wetteifern! Lust und Pein / Sei uns den Zwillingen gemein!"
9 Erschaffen und Beleben, V. 17 f.: WA I, 6, S. 16.

10 Selige Sehnsucht: WA I, 6, S. 28.

11 Hafis: „Buch Sad. Gasele 1" (so auch die ursprüngliche Überschrift von Goethes Gedicht *Selige Sehnsucht*) in der Hammer'schen Übersetzung des *Diwan* von Hafis: Bd. 2, S. 90f.

12 Hans Heinrich Schaeder: Die persische Vorlage von Goethes *Seliger Sehnsucht*. In: Geistige Gestalten und Probleme. Eduard Spranger zum 60. Geburtstag. Hrsg. von Hans Wenke. Leipzig 1942, S. 93–102; hier S. 102.

13 Beiname: WA I, 6, S. 33.

14 Offenbar Geheimniß: Ebd., S. 41.

15 Übersetzung nach: Johann Wolfgang Goethe, West-östlicher Divan. Teil 2. Hrsg. von Hendrik Birus. Frankfurt am Main 1994 (Frankfurter Ausgabe, I. Abt., Bd. 3/2), S. 1014.

16 Maximen und Reflexionen, Nr. 314 (1826).

17 Maximen und Reflexionen, Nr. 337 (1826).

18 Noten und Abhandlungen zu besserem Verständniß des West-östlichen Divans, Abschnitt „Mahomet": WA I, 7, S. 32; die folgenden Zitate ebd., S. 32–35.

19 Ob der Koran von Ewigkeit sei?: WA I, 6, S. 203.

20 Goethe gibt einen Satz des holländischen Orientalisten Jacobus Golius (1596–1667) wieder, den er in der deutschen Koranübersetzung von Theodor Arnold (Lemgo 1746) zitiert gefunden hatte: WA I, 7, S. 34f.

21 Süßes Kind, die Perlenreihen, V. 25–28: WA I, 6, S. 289.

22 Noten und Abhandlungen, Abschnitt „Zweifel": WA I, 7, S. 83.

23 Närrisch, daß jeder in seinem Falle: WA I, 6, S. 128.

24 Vgl. Goethes Notiz aus K. E. Oelsners Biographie *Mohamed* (deutsche Übersetzung Frankfurt 1810): „Oelsner. Eslam, Islam = Ergebenheit in Gott" (Paralipomena zum Divan, Nr. 42: WA I, 6, S. 485).

25 Vgl. Hendrik Birus: „Im Islam leben und sterben wir alle". Religion und Aufklärung in Goethes *West-östlichem Divan*. In: Etudes Germaniques 60 (2005), S. 265–282; hier S. 277.

26 Sanct Rochus-Fest zu Bingen: WA I, 34/1, S. 38.

27 Siehe oben S. 41.

28 Goethe an Zelter. Weimar, 11. Mai 1820: WA IV, 33, S. 27. – Ähnlich im Brief an Johann Heinrich Meyer. Tennstedt, 29. Juli 1816: „Und

so müssen wir denn wieder im Islam, (das heißt: in unbedingter Hingebung in den Willen Gottes) verharren" (WA IV, 27, S. 123). Dementsprechend hat Goethe in den „Noten und Abhandlungen", Abschnitt „Künftiger Divan", „den eigentlichen Islam" definiert als „die unbedingte Ergebung in den Willen Gottes, die Überzeugung, daß niemand seinem einmal bestimmten Loose ausweichen könne" (WA I, 7, S. 151).

29 Sommernacht (1814): WA I, 6, S. 220–222.

30 Vgl. Konrad Burdach: Kommentar zu Goethes *West-östlichem Divan.* In: Goethe, Sämtliche Werke. Jubiläumsausgabe. Bd. 5, Stuttgart und Berlin 1905, S. 406.

31 Noten und Abhandlungen, Abschnitt „Künftiger Divan": WA I, 7, S. 146.

32 So hab' ich endlich von dir erharrt (1818/19): WA I, 6, S. 223.

33 Zusatz zur Sprecherangabe vor V. 1.

34 Erinnert sei hier an ein Wort Goethes im Brief an Friedrich Heinrich Jacobi vom 6. Januar 1813, das auch für den Dichter in der *Sommernacht* gelten mag: „Ich für mich kann, bei den mannigfaltigen Richtungen meines Wesens, nicht an einer Denkweise genug haben" (WA IV, 23, S. 226).

35 Vermächtniß altpersischen Glaubens: WA I, 6, S. 239–242.

36 Noten und Abhandlungen, Abschnitt „Ältere Perser": WA I, 7, S. 19–24.

37 Goethe zu Eckermann, 11. März 1832. In: Eckermann, S. 718. – S. oben S. 18.

38 Vgl. Nicolas Sansons „Des itzigen Persischen Hofs Staats- und Regierungs-Beschreibung", ein Anhang zu den von Goethe benutzten *Colligirten und viel vermehrten Reise-Beschreibungen* des Adam Olearius (Hamburg 1696), über die Sonnenverehrung der Parsen (S. 49): „Fraget man sie / warumb sie sich auff die Erde legen / wenn die Sonne auffgehet? / So antworten sie; es geschehe aus schuldigen Respect gegen das vollkommenste Geschöpff / nach dem Menschen / welches GOtt aus nichts gemachet." Zitiert nach Goethe, West-östlicher Divan (Anm. 15), S. 1368. – Vgl. dazu Mohammad-Hossein Azodanlou: Die Rezeption des Parsismus in der deutschen Literatur zwischen 1772 und 1886: Kleuker, Herder, Goethe, Spiegel, Nietzsche. Diss. Würzburg 2001, S. 87–90.

39 Noten und Abhandlungen, Abschnitt „Ältere Perser": WA I, 7, S. 20, 22.

40 Über Goethes religiöse Entwicklung zum Pantheismus siehe oben S. 15f. und S. 40–44.

41 [Ankündigung im *Morgenblatt für gebildete Stände,* 24. Februar 1816] West-oestlicher Divan oder Versammlung deutscher Gedichte in stetem Bezug auf den Orient: WA I, 41/1, S. 89.

42 Fundgruben des Orients. Hrsg. von Joseph von Hammer. 6 Bde. Wien 1809–1818; zitiert nach Katharina Mommsen: Goethe und der Islam. Hrsg. und mit einem Nachwort von Peter Anton von Arnim. Frankfurt am Main und Leipzig 2001 (insel taschenbuch 2650), S. 151.

43 Vorschmack: WA I, 6, S. 247.

44 Berechtigte Männer; Auserwählte Frauen; Begünstigte Thiere: WA I, 6, 248–250; 251–252; 262–263.

45 Berechtigte Männer, V. 28: WA I, 6, S. 249.

46 Einlaß; Anklang; Deine Liebe, dein Kuß mich entzückt!; Wieder einen Finger schlägst du mir ein!: WA I, 6, 253–254; 255–256; 257–260; 261.

47 Ankündigung des *Divan* (Anm. 41): WA I, 41/1, S. 89.

48 Einlaß, V. 15–16: WA I, 6, S. 253.

49 Einlaß, V. 21: Ebd., S. 254.

50 Deine Liebe, dein Kuß mich entzückt!, V. 56: WA I, 6, S. 259.

51 Deine Liebe, dein Kuß mich entzückt!, V. 60: Ebd.

52 Wieder einen Finger schlägst du mir ein!, V. 11–18: WA I, 6, S. 261.

53 Noten und Abhandlungen, Abschnitt „Künftiger Divan": WA I, 7, S. 152.

54 Höheres und Höchstes: WA I, 6, S. 264–266; die folgenden Zitate aus den Strophen 2–5 (ebd., S. 264f.): V. 9, 7–8, 12, 19–20.

55 Vgl. Wolfgang Frühwald: „Deklinierend Mohn und Rosen …". Esoterik und Mystik im *West-östlichen Divan.* In: „Im Anschaun ewger Liebe". Von Goethe lernen. Hrsg. von Wolfgang Böhme. Karlsruhe 1982 (Herrenalber Texte 43), S. 29–43, bes. S. 41f.

56 Vgl. dagegen Peter Hofmann: Goethes Theologie. Paderborn 2001, S. 344.

57 Goethe an Zelter. Weimar, 11. Mai 1820: WA IV, 33, S. 27.

Register

Personen und anonyme Werke

Werke Goethes

Sachen und Begriffe